「ひと」BOOKS

食からみえる「現代」の授業

千葉 保

太郎次郎社エディタス

「知」の年輪を育てよう

◉いま、学校に若い教師が増えてきました。団塊の世代が退職期を迎えて、世代交代が進みつつあります。さらに安上がりな教育行政の影響で、臨時的任用や非常勤採用などの非正規雇用の教師も大幅に増えています。

◉また教師たちには、計画書や報告書の作成などのいわゆる雑務が増加し、教材研究の時間や、子どもとふれあう時間も十分確保できない状況が現出しています。そのうえ学校には職階性がもちこまれ、強化されました。その結果、先生たちの連帯の力が削がれ、授業づくりにおたがいの知恵をだしあう同僚性も失われてきています。

◉また、文部科学省は、全国統一テストによる各県の順位を公表しました。その影響で、多くの県で順位を上げろという声が強まりました。その後、統一テストが任意参加になったにもかかわらず、参加表明する市町村があいついでいます。教師たちは、成績を上げるよう努力をさらに求められ、いままで以上に暗記と習熟に専念するよう、駆りたてられてもいます。

◉一方、子どもたちには「ゆとり教育」の反動から、学習時間の増加が図られ、学校での生活も長時間になりました。

◉心ある教師が、東アジア型教育を乗り越えようと、対話を重視したグループでの学びあいに取り組む姿が、全国教育研究集会で報告されました。しかし全国的には、黒板に向かっての暗記と習熟型の東アジア型教育が支配的で、そこからの脱皮には課題が山積しています。

◉いま子どもたちに必要なのは、受動的にあたえられたことを覚える「勉強」から脱して、知的好奇心をもって活動的な「学び」を実現することではないでしょうか。

◉『ひと』誌は、1973年の創刊から、学ぶ者の視座にたって教育を考えるオールタナティブな実践を生みだす努力を続けてきました。『ひと』誌に多くの先進的な授業実践者が集い、授業を発表してきました。

◉『ひと』誌は一貫して、学校や教育の閉塞にたいして、人間・社会・市民の常識にもとづいて新鮮な空気をおくりつづけてきました。

◉そこで蓄えた授業の知的エネルギーを、いまこそ、混迷を深める教師たちに、社会や市民にも、手渡す必要があると感じます。

◉『ひと』誌で活躍した教師たちの授業を「ひと」BOOKS・シリーズとして刊行し、子どもたちの学びをより豊かにしていくための一助となるようにしたいと考えています。

◉木々は寒さや暑さに耐え、年輪を刻みながら成長し、やがて巨木に育ちます。

◉教師も、子どもたちも、わくわくするような「知」の授業体験を積み重ねて、「知の年輪」を増やし、大きな巨木に育ってほしいと願っています。

◉このシリーズが、そのお役に立てることを祈念します。

「ひと」BOOKS編集委員会

はじめに

授業をつくるときには、なるべく、子どもの身近なところにあるモノを教材に取りあげることにしています。

モノを教材化することには、つぎのような利点があるからです。

1―ふだん何気なく見ているモノに、現代の情報が凝縮されており、
見なれたモノがもつ意外性が、子どもの知的好奇心を刺激する。
2―身近なモノを見つめ、問題を探ることで、活動が具体性を帯び、
観念的でない学習になる。
3―ひとつのモノのありかたや法則性は、
全体の社会現象につながる普遍性をもつ。
4―小さな具体物(モノ)にたいする疑問から発した学習は、
共同思考を経て収束し、より質的に高いものへと昇華しうる。

つまり、子どもの現代生活の問題点が凝縮されているモノを取りあげて授業を始めることで、視点が明確に定まり、課題を具体化するのです。

また、追究する対象が身近なモノなので、子どもたちの学びは弾んだものになります。

たとえば、国産だと思っていたコンビニ弁当では、その食材がほとんど外国産で、海外からとりよせたほうが安価であること、その輸送のために膨大なCO_2を排出していることがみえてきます。

コンビニ弁当に隠れている真実は、子どもたちを驚かせます。

驚いた子どもたちは、「では、ほかのモノはどうなのだろう？」と考えはじめます。

取りあげたのはコンビニ弁当ひとつですが、そこで学んだ事実は、ほかのことにも共通項をもつ、つまり普遍性をもつのです。

●ひとつを深くわかることが、たくさんを理解する手だてを得ることに
●ひとつに感動することが、もっと多くを知りたいという学びに

つながると思うのです。

ですから教師は、身近なモノに普遍的な切り口を見つけ、まずみずからが感動し、この感動を子どもたちと共有したいと思うとき、そこに授業づくりがスタートするのではないでしょうか。

そんな思いでおこなった6本の授業です。

「コンビニ弁当」の授業ではフード・マイレージに迫り、「豚肉」の授業では人間の「原罪」意識を感じ、「マグロ」の授業では世界の資源を考え、「ペットボトル水」の授業ではCMの誘導効果を見つめ、「ペットはゴミ？」の授業では人間に翻弄される動物を見すえ、「マクドナルド」の授業ではグローバル企業の実態に迫りました。

この授業のなかで、子どもたちは追究者の顔になりました。

モノから多くの情報をひきだし、仲間と対話し、吟味し、これからの生き方を考えました。モノのもつ面白さに、学びは弾んでいきました。

子どもも大人も、追究の楽しさを感じてください。

これらの授業は、子どもから大人まで、さまざまな場面でおこないました。学校では小・中・高・大の、いろんな学年におこなったものです。もし、このような授業をしてみたいと思う人は、自分の担当学年などにあわせてアレンジしてみてください。少しでもみなさんの授業のお役に立てれば幸いです。

千葉 保

食からみえる「現代」の授業 目次

「ひと」BOOKS・シリーズ発刊にあたって……………………2

はじめに………………4

「コンビニ弁当」の授業——幕の内弁当のフード・マイレージ…………9

1—コンビニ弁当○×クイズに挑戦!………………10

お弁当の回転ペースはどのくらい?／1日にどのくらい売れる?／売れ残ったら、どうなる?

2—地球3周、食材の旅………………20

幕の内弁当の食材は、どこからやってくる?／生産地からの輸送距離は、どのくらい?／食材を遠くから運ぶメリット、デメリット

3—フード・マイレージからみえてくるもの………………30

フード・マイレージって、なに?／日本は食糧が足りない?

「豚肉」の授業——お肉が食卓にあがるまで…………37

1—豚の生態を考える………………38

繁殖用の豚が産む子どもの数は?／母乳で育てるのは何日間?／よくある子豚の死亡事故とは?／どのくらい育つと、出荷される?

2—豚の品種改良を考える………………45

豚はいつから、人間のそばにいた?／人間は、豚をどう変えてきた?

3—豚と日本人………………48

日本人は、どれだけ豚を食べている?／豚肉は外国からもやってくる?／ブランド豚の開発って?

4—いのちの食べ方を考える………………53

豚がお肉になるまで／食糧?　動物?　みんなでディベート!

「マグロ」の授業——寿司ネタの王様の知られざる現実…………59

1—身近なマグロの意外な事実…………………60

マグロは休めない?/いちばん大きいマグロは?/昔は捨てられていたトロ/いろんな漁法がある

2—世界中のマグロを食べる日本人…………………65

外国生まれの国産マグロ/マグロを食べる国、マグロを売る国/廃業に追い込まれる日本の漁師たち

3—養殖をめぐる問題…………………71

高く売れるマグロって、どんなマグロ?/膨大なエサと環境汚染/できる? 完全養殖

「ペットボトル水」の授業——飲み水をめぐる安全とお金の話…………79

1—世界中で飲まれるペットボトル水…………………80

いちばん飲むのはどこの国?/日本の消費量が増えたきっかけ/採水量1位の都道府県は?

2—水道水との違いを探る…………………89

ペットボトル水の値段は何で決まる?/水道水の値段はいくら?/安全なのはどっち?/水にも「格差」がある

「ペットがゴミに？」の授業——いのちと責任について考える…………97

1—ペット犬ナンバーワン・クイズ…………………98

日本のペット犬、登録数ナンバーワンの犬種は？／アメリカのペット犬登録数ナンバーワンは？／ペット犬登録数ナンバーワンの都道府県は？／人気の名前ナンバーワンは？

2—捨てられた犬たちの運命…………………105

飼えなくなった犬たちは、どうなる？／「捨て犬収集車」がやってくる／新しい飼い主にもらわれる犬たち／殺処分される犬たち

3—いのちと責任を考える…………………113

なぜ、犬を捨てるのか／わたしたちにできること

「マクドナルド」の授業——巨大ファストフード・チェーンの光と陰…………119

1—もうけの秘密に迫る…………………120

止まらない快進撃／もうけの手法を考えよう／マクドナルドの10の戦略

2—マクドナルドの光と陰に迫る…………………138

いつでも、どこでも、同じサービス／アメリカのマクドナルドにひそむ6つの問題／日本のマクドナルドの陰の部分は？

3—「マクドナルド化」する日本…………………147

「マクドナルド化」って、なに？／増殖するマクドナルド・システム

〈オリジナルの授業をつくる手法・考〉…………………152

おわりに…………………157

「コンビニ弁当」の授業
——幕の内弁当のフード・マイレージ

「総合学習の時間に『コンビニ弁当』の授業をしてください」——そんなリクエストがあり、小学4年生に授業をすることになりました。コンビニでじっさいに買った「幕の内弁当」を教室に持ち込んでの授業です。お店が弁当を注文する流れや利益のしくみ、世界各地から運ばれてくる食材のフード・マイレージ、日本の食糧自給率についてなど、さまざまなテーマについて考えました。
今回は、90分の授業です。そのようすを報告します。

じっさいに授業で使ったコンビニ弁当

1—コンビニ弁当○×クイズに挑戦！

お弁当の回転ペースはどのくらい？

——きょうは、みんなとコンビニ弁当の授業をしようと思って、近くのコンビニで幕の内弁当を買ってきました。

こういって、弁当をだしました。その写真も黒板に貼りだしました。子どもたちはうれしそうな顔をしています。

——では、まずコンビニ弁当○×クイズから始めましょう。グループで相談してね。

Q1．コンビニでは、コンビニ弁当をかならず10種類置くことに決めている？

「そんなことないよな」
「もっと置いてあると思うな」
「そうだよ。×にしよう」

——答えは×です。コンビニでは、20種類程度ある弁当から15種類を選んで置いているのです。

「やったあ、正解だ！」
歓声があがりました。

Q2．コンビニでは、1週間に1つ、新しい弁当がでる？

「そうかな？　そんなに新しい弁当がでるのかな？」
「わたしも違うと思うわ。1か月に1つくらいじゃないの？」
「ぼくもそう思う」
「いや、意外と○かもよ」
「そうだ。ひっかけかも」
「でも、違うと思うな」
「じゃ、×にしよう」

――答えは○です。まえの週に売り上げ第1位だったコンビニ弁当でも、新しい弁当がでると、その売り上げに負けてしまいます。お客さんは新商品を多く買うのです。だから、多くのコンビニには、1週間ごと、毎週火曜日に新しい弁当が並ぶのです。

「へえ、知らなかった」

Q3. コンビニ弁当を運ぶ配送車は、1日に2回来る？

「えっ、もっと来てるよね？」
「そうだよ。何台も来るよ」
「でも、コンビニ弁当を運ぶ車だよ」
「それでも、3回は来ると思うな」
「これは×にしよう」

――答えは×です。コンビニには1日9台の配送車が商品を運んできます。このうち3台が弁当を運びます。最初が午前9時ごろ。午前中や昼間に販売するものを運んできます。2回目は午後5時ごろ。夕方から夜にかけて売るものを運んできます。最後が午後11時ごろで、深夜から早朝に販売するものを運んできます。

「やっぱり3回だったね」

Q4. **午前9時に配送される弁当は、深夜につくったものである？**

「お弁当を真夜中につくるの？」
「それはないよね」
「これも×」

――答えは○です。弁当工場は24時間、動いています。深夜につくった弁当が午前9時ごろに配達されるのです。昼は工場の近くに住む主婦や女性たちが多く働いていますが、深夜は外国人も多く働いています。深夜労働に支えられて、コンビニ弁当のいまがあるのです。

「知らなかった。夜も弁当をつくっているんだ」
「真夜中に働いてる人がいるんだ」
「外国の人を働かせているんだ」

1日にどのくらい売れる?

Q5. **コンビニ弁当をいくつ仕入れるかは、各店長が判断し、注文する？**

「店長が注文するのかな？」
「それはそうでしょ」
「ぼくは、本部が考えてるのかと思った」
「あっ、コンビニには本部があったね」
「データを見て本部が決めるのかも」
「じゃ、これは×にしよう」

——答えは○です。いままでの販売傾向、天気、気温、曜日、会社の給料日のまえかあとか、近くの学校や地域の行事の有無、近くで工事があるか、などを総合的に判断して、店長が注文しています。

「なんだ、やっぱり店長でいいのか」

Q6. あしたは気温が高くなるという天気予報のとき、店長は、弁当の注文数を増やす？

「気温が高いと、外出する人が多くなると思うな」
「じゃ、弁当を買う人も多くなるね」
「自信をもって、○」

——答えは×です。気温が高いと、弁当よりパンが売れます。

「えっ、パンが多くなるの？」

——そう。だから、気温が高くなるときには弁当の数を減らし、パンを多く注文するそうです。給料日まえは安いパンが多く売れ、近くで工事があると、働いている人が弁当を買っていきます。学校の行事や少年野球などの試合があると、弁当が多く売れます。だから店長は、地域の情報にも気をくばっています。

また、店長は、本部のPOSシステムのデータも利用して、注文数を判断します。本部に集まるデータは、わたしたちがレジでお金を支払うときに入力されています。性別と年齢層、時刻、買った商品などの情報が打ち込まれ、データが収集されているのです。

「気温が高いと、パンが売れるのか」
「お客さんの年まで入力してる」

「何歳ですかって、聞かれたことないよなあ」

――セブン-イレブンでは、お客さんの年齢層を、12歳以下、～19歳、～29歳、～49歳、50歳以上と、分けて集計しています。レジでお金をもらうときに店員さんが、お客さんを見た目で判断して打ち込んでいるので、年齢を聞くことはないそうです。

「そうなんだ」
「お母さん、何歳にされてるんだろ」
「ちょっと知りたいな」
「若く打ち込んでもらったら喜ぶね」(笑)

Q7. 1つの店で1日に売れるコンビニ弁当は、平均100個？

「そんなに売れてる？」
「駅前のコンビニはすぐなくなるよ」
「じゃ、平均100個は○にしようよ」

――答えは×です。1つの店で1日に売れるコンビニ弁当は、平均130個です。意外と売れますね。

「けっこう売れてるね」

Q8. 500円の弁当の仕入れ値は、半分の250円である？

「半分くらいじゃない？　○だと思うな」
「もうけがないと、店長さん、困るものね」

●コンビニ店の利益のしくみ

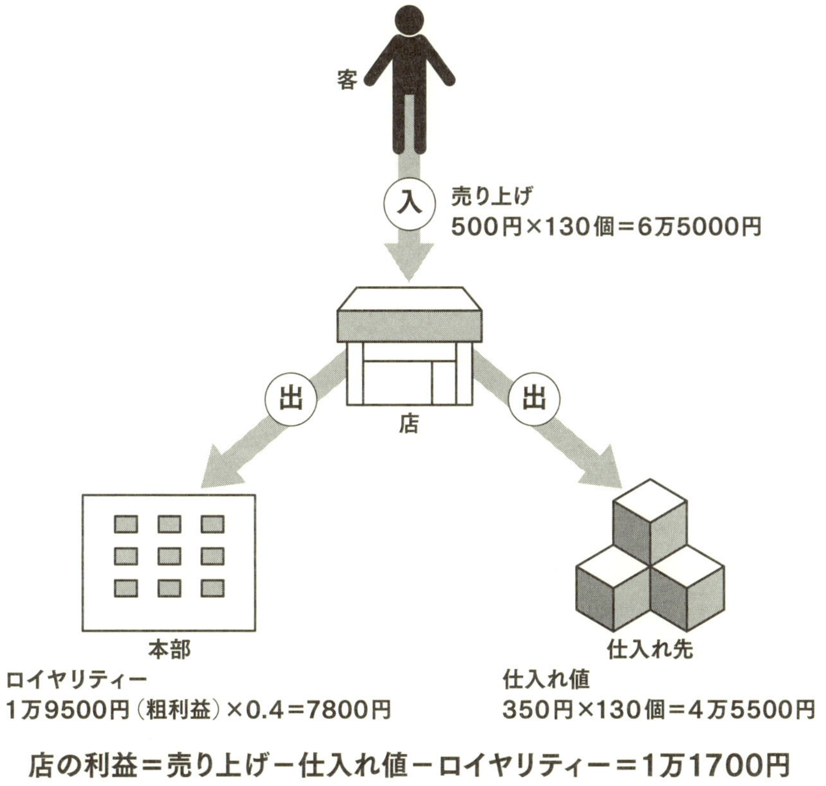

「もっと仕入れの値段が安いと、もうけが多くなるね」

「でも、安すぎる弁当は、おかずも少なくなるんじゃない？　みんな、買わないよ」

「そうだね。じゃ、○にしよう」

――答えは×です。だいたい値段の70％が仕入れ値になります。

500円のコンビニ弁当の仕入れ値は350円です。130個売れると、売り上げは500円×130個＝6万5000円。ここから仕入れ値350円×130個＝4万5500円をひくと、残りは1万9500円です。

これがまるまる店の利益かというと、そうではありません。ここから、コンビニ本部にロイヤリティを支払います。あるコンビニ会社のロイヤリティは、利益の40%。1万9500円×0.4＝7800円、これを支払います。そうすると、残りは1万1700円。これが、店の利益になるのです。

ここからアルバイト料や電気代、売れ残った弁当の廃棄処理料などをひいていくと、さらに少なくなります。コンビニ経営もなかなか大変ですね。

「へえ、もうけが少ないんだね」
「ロイヤリティって、なに？」
「ロイヤリティって、どうして払うの？」

——ロイヤリティとは、セブン-イレブンとかローソンとかの名前の使用料や、お店への経営指導料などです。コンビニ本部がテレビのCMで宣伝したり、集めたデータで経営を助けたり、新商品を開発してくれたり、いろいろやってくれることにたいする経費かな。

「そういうの、ロイヤリティっていうのか」

——コンビニによってよび名は違うようだけど、どこも払っているよ。

「40%なんて、高くない？」
「ほんと、高すぎると思う」

——いろんなコンビニがあるけど、ロイヤリティは40～60%くらいだって。

「もっと高いところもあるんだ」
「店長もたいへんだね」

Q9. 1日に平均130個売れるコンビニ弁当。店長は130個ぴったり注文している？

「130個注文しておけば、売れ残りが0になるよ」
「無駄がなくていいよ」
「これは○にする」

——**答えは×です。店長は130個より多く注文します。**

「ええっ、どうして？」

——**ぜんぶ売り切れると、棚がカラになり、あとから入ってきた客が、この店には品物がない、だらしないと思い、つぎに来なくなるのです。それで、売れ残るとわかっていても、多く注文することになってしまうのです。**

「売れないとわかっているのに、多く注文するの？」
「損するよ」
「でも、わたしもコンビニ行って、ほしいものがないと、つぎにそこには行かないな」
「こういう客がいるから、無駄がでるんだ」(笑)
「売れ残るとわかってて注文するのは、かわいそう」

売れ残ったら、どうなる？

Q10. コンビニでは、売れ残って廃棄する弁当の目安を、月10万円ぶんにしている？

「これ、どんな意味？」

――コンビニの店長さんは、売れ残るのがわかっていても、多く注文するでしょ。ひと月に売れ残って捨てる弁当の合計額の目安を、10万円にしてるかってこと。

「10万円ぶんも捨てるの？」
「仕入れ値350円の弁当を1日10個捨てるとして、350円×10個＝3500円。それが30日で、3500円×30日＝10万5000円。10万円を超えるよ」
「じゃ、10万円より多いよ」
「これは×にしよう」

――答えは×。廃棄する弁当の合計額の目安は、1か月40万円です。

「えっ、40万円ぶんも？」
「すごい！」
「そんなに捨てるの？」

――そのほかに、パンが8万円ぶん、牛乳が5万円ぶんです。コンビニは全国に4万店以上もあります。コンビニ全体だと、1か月に40万円×4万店＝160億円ぶんものコンビニ弁当が廃棄されていることになります。すさまじい世界ですね。

「もったいない！」
「へんだよ、ぜったい」
「ほんとにおかしいよ」

――さすがにもったいないというので、売れ残った弁当を回収して、牛や豚などのエサとして再利用する試みも始まりました。しかし、ご飯など低カロリーのものは利用できるものの、高カロリーのおかずを多くあたえると、家畜は成人病に

なって健康が保てないということもわかってきました。豚も成人病になるんだって。

「豚が成人病になるなら、コンビニ弁当を食べる人間は大丈夫なの？」

――さあ？

「ひどい！」

――コンビニ弁当ばっかり食べてると、カロリーが高すぎるかもね。

2 — 地球3周、食材の旅

幕の内弁当の食材は、どこからやってくる?

Q11. きょうの幕の内弁当の食材には、どんなものがある?

子どもたちは写真を見ながら、話しあいを始めました。

「ご飯があるから、米が使われてる」
「黒いゴマもかかってるよ」
「卵焼きがあるから、卵だね」
「シャケの焼き物があるから、サケも」
「味つけ昆布(こんぶ)もあるよ」
「ゴボウとひき肉もあるよ」
「これはきっと牛肉だね」
「シュウマイがある。えーと、小麦粉と豚肉のひき肉かな」
「トリの唐揚げがあるから、鶏肉と小麦粉」
「エビの天ぷらもあるよ。エビと、これも小麦粉や卵が使われてるね」
「コンニャクもある」
「カボチャもあるよ」
「インゲン」
「ダイコンも」
「ニンジンもあるね」
「つけもの。これはダイコンだな」

子どもたちがあげる食材を黒板に書いていきました。

――よく食材がわかったね。こんどは、食材のふるさと探しをします。グループごとに食材をとり分けて渡すから、その食材のふるさと、生産地を考えてください。考えたら、地図にその食材を置いていってください。
地図は日本地図だけでいいかな？

「だいたいいいけど、世界地図もあったほうがいいと思うよ」

そんな発言で、教室の真ん中に、学校にあるいちばん大きな「日本全図」と「世界地図」を置きました。また、グループには、100円ショップで買ったプラスチックの小さな入れ物に、食材を入れて配りました。全部のグループが２～３個の食材を調べて、クラス全部で弁当の全体が見えてくるようにしました。

グループごとに話しあっています。
「ニンジンはどこにする？」
「きのう、お母さんとスーパーで買い物をしたら、北海道のニンジンを売ってたよ」
「じゃ、北海道にしようか」
「サケは北海道でいい？」
「アラスカのが多いって聞いたけど」
「外国から輸入したら、値段が高くならない？」
「コンビニだから、安い材料を使ってるよ」
「それなら、北海道でいいことにしよう」
「コンニャクの産地って、どこだっけ？」
「地図帳で調べようよ」
「群馬県にコンニャクのマークがついてるよ」
「よし、コンニャクは群馬県だ」

このようにして子どもたちは、教室の真ん中にある地図の上に食材を置いていきました。

子どもたちの考えたコンビニ弁当の食材の原産地は、つぎのとおりです。

生徒たちが考えた「幕の内弁当」の食材の生産地

米	新潟県
黒ゴマ	北海道
ニンジン	北海道
卵	鹿児島県
昆布	北海道
ゴボウ	茨城県
牛肉	鹿児島県
小麦粉	北海道
豚肉	鹿児島県
鶏肉	鹿児島県
エビ	タイ
インゲン	千葉県
サケ	北海道
コンニャク	群馬県
カボチャ	高知県
ダイコン	神奈川県

日本地図の上には、鹿児島県、北海道、新潟県、茨城県、千葉県、群馬県、高知県、神奈川県に食材がのりました。世界地図のほうは、タイにエビが1つだけです。

——みんなは、コンビニ弁当の食材のほとんどが、日本の産地のものを使ってると思ったのね。理由はなにかある？

「外国から輸入すると、輸送費がかかって高くなると思うの。コンビニ弁当は安いから、きっと国産を多く使ってると思うな」
「でも、牛肉なんか、国産のほうが高いよ」
「だけど、輸送費がかかるよ」

みんなうなずいていますが、半信半疑のようです。

――じゃ、先生が調べてきた食材のふるさと、生産地を発表します。正解だったら、そのグループは拍手してくださいね。違っていたら、地図に置きかえてください。

筆者が調べた「幕の内弁当」の食材の生産地

米	秋田県
黒ゴマ	トルコ
ニンジン	中国
卵	愛知県
昆布	北海道
ゴボウ	中国
牛肉	オーストラリア
小麦粉	アメリカ
豚肉	アメリカ
鶏肉	ブラジル
エビ	タイ
インゲン	中国
サケ	フェロー諸島(デンマーク)
コンニャク	群馬県
カボチャ	中国
ダイコン	青森県

拍手が聞こえたのは、「コンニャク＝群馬県」のグループと「エビ＝タイ」のグループだけでした。

「すごい、世界中から来てる」
「日本国内はすごく少ない」
「日本はこんなに多く輸入してるの？　スゴすぎ！」

――じゃあ、みんなの食材を正解の場所に移動させてください。

世界地図に多くの食材が置かれました。
「中国からが多いね」
「鶏肉がブラジルから来てるなんて、知らなかった」
「先生、どうして外国からたくさん輸入してるの？」

――いい質問だね。みんなは、どうしてだと思う？

「やっぱり安いのかなあ」
「ぼくの服も中国製だしなあ」（笑）
「外国でつくると、日本より安くできるのかも」
「輸送費がかかっても安いんだね」
「100円ショップも、外国製が多いもんね」

生産地からの輸送距離は、どのくらい？

――つぎに、さっきグループで担当した食材について、それぞれ生産地から日本まで運んでくる距離を計算してみましょう。ここに計算機があるから、グループに1個ずつ持っていって使っていいよ。

「どうやって、距離を測ればいいの？」

——この赤い糸を、その国の首都から、東京まで運んでくる輸送路のところに張ると、何cmか、長さが測れるね。その長さに縮尺をかけ算して、距離をだすといいよ。

同時に、地図上の1cmは、じっさい何kmになるのかを教えました。

「先生、まっすぐ結べばいいの？」

——飛行機で運ぶと思うなら直線距離でいいけど、船で運ぶと思ったら、船が走りそうだと思うところに糸を置いていくといいよ。

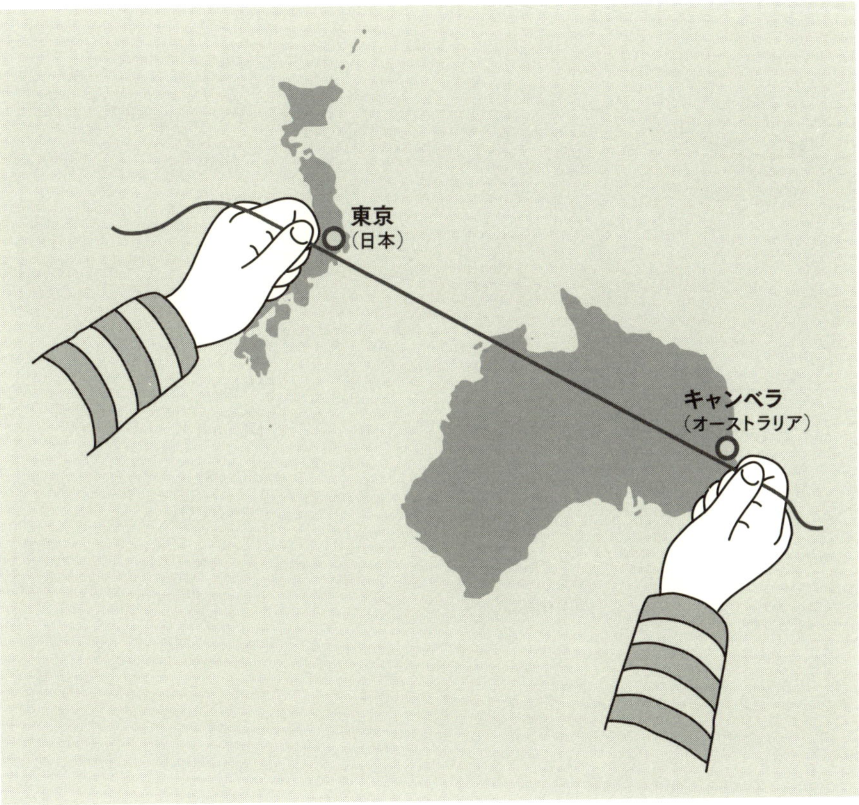

各グループ、ごった返して作業が進みました。途中でチャイムが鳴りましたが、続行することになりました。こうして子どもたちが計算したのが、つぎのものです。

生徒たちが計算した「幕の内弁当」の食材の輸送距離(東京まで)

食材	生産地	東京までの輸送距離
米	秋田県	500km
黒ゴマ	トルコ	9000km
ニンジン	中国	2200km
卵	愛知県	270km
昆布	北海道	800km
ゴボウ	中国	2200km
牛肉	オーストラリア	1万km
小麦粉	アメリカ	1万1000km
豚肉	アメリカ	1万1000km
鶏肉	ブラジル	1万9000km
エビ	タイ	4700km
インゲン	中国	2200km
サケ	フェロー諸島(デンマーク)	2万3000km
コンニャク	群馬県	100km
カボチャ	中国	2200km
ダイコン	青森県	600km

——ぜんぶ合計すると、何kmになりますか？

「9万8770kmになった」
「すごい距離だよ」
「先生、地球1周は何kmなの？」

——地球1周は4万kmで、人間が一生のうちに歩く距離といわれているよ。

「じゃ、地球1周より長い距離になる！」
「2倍以上だよ」

——先生の計算もみんなと同じような距離になったけど、専門家の人が、船が通る航路に沿って正確に計算してくれたのね。その距離でみると、こうなったよ。

「幕の内弁当」の食材の正確な輸送距離（東京まで）

食材	生産地	東京までの輸送距離
米	秋田県	449km
黒ゴマ	トルコ	1万9784km
ニンジン	中国	3005km
卵	愛知県	260km
昆布	北海道	1048km
ゴボウ	中国	3005km
牛肉	オーストラリア	1万1820km
小麦粉	アメリカ	1万8585km
豚肉	アメリカ	1万8585km
鶏肉	ブラジル	2万3705km
エビ	タイ	5609km
インゲン	中国	3005km
サケ	フェロー諸島（デンマーク）	2万2034km
コンニャク	群馬県	96km
カボチャ	中国	3005km
ダイコン	青森県	577km

「計算していい？」

「ぜんぶで13万4572kmになった」
「地球を3周以上するよ」

――このコンビニ弁当の食材を運ぶ距離は、地球を3周以上する距離になりました。

「すごいなあ」
「このコンビニ弁当をつくるために、遠くから運んでくるんだね」

食材を遠くから運ぶメリット、デメリット

――遠くから運ぶことで、いいことや悪いことがあるかな？
　では、いいことって、なにかな？

「世界中のものが、日本にいて食べられるのがいいと思います」
「わたしたちも、安く、いろんな国でつくったものが食べられることだと思う」

――いろんな国でつくったものが、500円もしないで食べられるものね。
　ほかにはないようだね。では、悪いことってあるかな？

「すごく遠くから日本まで運んでくるから、環境に悪いと思うのだけど」

――えっ、どういうことなの？

「だってさ、2万kmも運ぶんだよ」
「ぜんぶで13万kmも運んでくるよ」
「たくさんCO_2をだすんじゃないの？」

――えっ、どういうこと？

「船やトラックで運ぶと燃料を使うから、排気ガスやCO_2がたくさんでて、地球を汚すと思う」
「そうだよ。環境問題だよ」
「遠くから運ぶと、環境に悪いんだよ」
「わたしね、野菜なんか遠くから運ぶと、腐らないように農薬をよぶんにまくって聞いたことあるけど、それも悪いんじゃないかな」
「そう、ポストなんとかいうの」

――よく知ってるね、ポストハーベスト。収穫したあとに農薬をかけるのをいうね。

「お母さんが、輸入レモンが5か月たっても腐らないから、おかしい、きっと農薬のせいだっていってたよ」

子どもたちは、いろんな環境問題を知っていました。なかなかやりますね。

3―フード・マイレージからみえてくるもの

フード・マイレージって、なに？

――イギリスのティム・ラングさんという人が、「フード・マイルズ」という運動を提案しました。食糧の生産地から家庭までの距離に着目して、船やトラックなどで食糧を輸送するとき、公害のもとになる排気ガスやCO_2がはきだされるので、環境のためには、輸送距離をなるべく短くしようと提案したのです。

それがイギリスの市民運動になり、食糧を買うときには、なるべく近くで生産されたものを買う人が増えていったのです。いま、日本でもその考え方を進めていこうという人たちがでてきました。

「それ、いい！」
「ティム・ラングさんという人、かっこいい」

「みんなそうしていかなくっちゃ」というので、「みんなもそうしてる？」と聞くと、とたんに元気がなくなりました。

「牛肉はなるべくアメリカ産のをやめようって、お母さんがいってた」
「でも、国産の牛肉は高いわっていってた」
「そういえば、このごろ、夕ご飯に牛肉でないな」(笑)
「中国産の野菜にも気をつけてたよ」
「毒ギョウザ問題だ」
「うちのお母さんも、野菜は国産にしようっていってる」
「ぼく、買い物いっても、どこでとれたものか、ぜんぜん気にしてなかった」
「わたしもそんなこと考えてなかった」
「安いものだけ選んでた」(笑)
「こんどから、どこでとれたか、見て買うようにする」

——フード・マイルズの大きさを比べるために、関東農政局が「フード・マイレージ」というものさしをつくりました。各国との比較をするためにつくった単位です。どこがいちばん高いと思う？　このグラフを見て考えてください。

そういって、つぎのグラフを渡しました。

——棒グラフの上の黒いほうで比較してください。

●各国のフード・マイレージ（2001年）

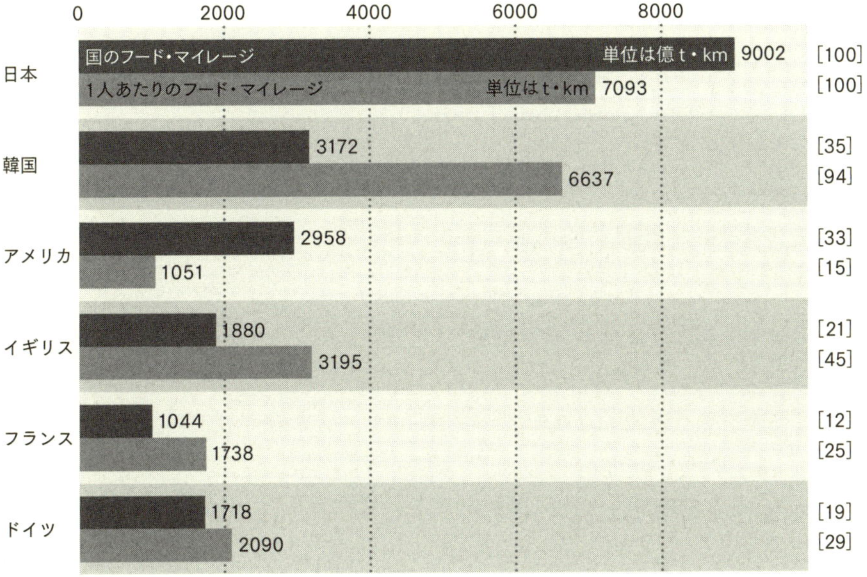

＊右側の数字は、それぞれのフード・マイレージの数値で、[　] 内は日本＝100としたときの割合。
（「農林水産政策研究　No.5」の中田哲也氏の資料より）

「わあ、日本がダントツで一番だ」

「イギリスの5倍もある」

「フランスと比べると、もっとすごい。8倍もある」

「アメリカや韓国の3倍かな」

日本は食糧が足りない?

――フード・マイレージが高いとは、どういうことだろう？

「食糧を外国からたくさん輸入してるんだ」
「環境問題でも、地球をいじめている」

――そうだね。遠くからたくさん輸入していることがわかるね。どうして、日本はこんなに輸入するんだろうね？

「安いものが好きなのかな」
「日本は貧乏じゃないよ」
「じゃ、いろんな国のものを食べたがるのかな」
「地球を汚して？」
「あっ、食糧が足りないのかも」
「スーパーにはたくさん食糧があるよ」
「いや、やっぱり、日本のものだけでは足りないのかも」

――この表を見て考えてくれる？

黒板に食糧自給率の表を貼りました。

日本の食料自給率のうつりかわり

1960年度……79%	1990年度……48%
1970年度……60%	2000年度……40%
1980年度……53%	2008年度……41%

「食糧自給率って、日本でどれだけ食糧ができてるかっていうこと？」

――そう。日本国内で食べるのに必要な量が100％で、少なくなるほど、自分の国だけでは足りないの。

「どんどん食糧自給率が下がっている」
「もう40％くらいしかないよ」
「これだと、外国から買えないと、みんなが食べられなくなるね」
「餓死するかも」

NHKが、食糧自給率50％のときに、輸入食糧が入ってこなくなったらどうなるかという番組をつくりました。『輸入食糧ゼロの日』というドラマ仕立ての番組です。

官僚に扮した役者が、国内の食糧生産を上げるために駆けまわります。ゴルフ場や学校の校庭を畑にする。休耕田に作物を植えることなども考えますが、すぐにはまにあわないことがわかってきます。休耕田をもとに戻して作物を生産するには、3年はかかるのです。またつくろうと思っても、「種」が足りないという大問題があることに気づいていきます。そして餓死者を算出します。なんと、3000万人とはじきだしました。東京では、女性より男性が多く亡くなることまで予測しました。

この話を子どもたちにしたところ――。

「3000万人も餓死するのか」
「日本人の４人に１人が死ぬんだよ」
「戦争で負けたみたいになるね」
「先生、食糧自給率が50％のときの予想でしょ？」
「いまは40％だから、もっと死ぬっていうこと？」

――そうかもね。

「そんなのダメだよ」

「なんで、こうなったの？」

——日本は工業国になったので、外国に自動車やテレビを売って、かわりに食糧を買う政策をとってきたんだね。工業の力は上がったけれど、農業の生産力が下がっていったんだね。

「いまからでも自給率を上げなくっちゃ」
「もっと農家を援助して、つくってもらわなくっちゃ」
「国産をたくさん買って、農家を豊かにするの」
「そうすると、フード・マイレージも低くなるよね」
「すぐやらなくっちゃ」
「遅くなって、餓死する人がでてきたら困るよ」

——ひとつ大事なことに気がついたね。食糧自給率がたいせつだってわかったね。あと、フード・マイレージを下げるには、なにをやったらいいかな？

「コンビニ弁当をつくるのに、国産の材料を多く使うようにする」
「少し高くても、日本産の食糧を多く食べる」
「地元のものを多く食べる」
「地産地消っていうんだよね。それやる」

——いいことば、知ってるね。地産地消ってことば、みんなも覚えようね。

　チャイムが鳴ったので、こうして授業を終えました。

［参考文献］
千葉保＝監修『コンビニ弁当16万キロの旅』（太郎次郎社エディタス）
VHS『想定ドキュメント　輸入食糧ゼロの日』（NHK＝編、ポニーキャニオン）

この授業について

「フード・マイルズ」という考え方は、イギリスのティム・ラングさんが提案しました。食糧の生産地から家庭までの距離に着目し、船やトラックなどで食糧を輸送するときに排出される、公害のもとになる二酸化炭素や排気ガスを少なくするために、距離をなるべく短くしようという市民運動です。

フード・マイレージ（食材輸送距離×重量）で世界の国を比較すると、日本は飛びぬけて高い数値になりました。日本の食品輸送のためにCO_2をまき散らし、地球を汚す姿がみえてきたのです。

日本が安い食材を使用している裏側に、こんな問題がひそんでいました。わたしたちの生活を見つめなおす必要を感じ、授業にしました。また、このテーマは『コンビニ弁当16万キロの旅』（小社刊）という本にもまとめました。

環境にかける負荷を見つめる「知」も必要になっています。消費者として自分を守り、地球を守る「知」が求められているのです。

授業のためのワンポイント

●—子どもたちが地図を使って、じっさいに輸送距離を測ってみることが大切です。その作業を通ることで、世界中から食材を集める日本の現状を体感できるでしょう。

●—距離を計測するには糸を使うのがいいようです。地図の上に、運ぶ航路を想定しながら糸を置き、それを伸ばして定規で測るとやりやすいです。

●—小学生には、大きな世界地図上に、食材ごとにとり分けたカップを置いていくと、視覚でフード・マイルの大きさが実感できます。

「豚肉」の授業
――お肉が食卓にあがるまで

わたしたち日本人は、年に１人平均17.3kgもの豚肉を食べるようになりました。１枚の写真から出発し、豚の一生や食肉の生産のしくみを知ることをとおして、人間がいのちを食べて生きていることの意味を見つめる「豚肉の授業」をつくりたいと考えました。

こんな養豚場の写真を使ったらどうでしょう。母豚の乳房に吸いつく赤ちゃん豚たちのかわいい写真は、みんなを惹きつけることと思います。

この授業は、小学５年生といっしょにおこないました。

北海道旭川市の養豚場で、
柵越しに母乳を飲む子豚たち
© 佐藤弘康

1—豚の生態を考える

繁殖用の豚が産む子どもの数は?

子豚がお乳を飲んでいる写真を見せました。みんな、笑顔になりました。そこで問題です。

Q1．母豚のおっぱい(乳房)の数はいくつ?

A　8個

B　10個

C　14個

「ネコは8つ乳首があるから、豚も同じ数だと思うけどな」

「この写真で子豚を数えたら9匹いるし、乳首が1つ見えてるから、10個だと思う」

「ぼくが数えたら、8匹だったよ。けど、乳首が2つ見えてると思うから、ぼくも10個に賛成」

写真を見て子豚を数える人もでてきましたが、Bの10個がいちばん多かった意見です。

——雌(めす)豚の乳房は、胸に2対、腹に3対、股のつけ根に2対の、計14の乳房があるのが標準です。品種によっては9対のものもあって、18の乳房を持つものもあるそうです。

「へえ、いっぱい乳房があるんだ」

Q2. 母豚は1回のお産で、何匹の子豚を産む？

A　6匹くらい

B　10匹くらい

C　14匹くらい

「乳房の数と同じだと思うけど、14匹では多いかな」
「10匹くらいかもね」
　たくさん産むだろうと予想はできますが、数を当てるのはむずかしそうです。

——豚は1回に、平均10匹前後の子豚を産むそうです。もちろん、それ以上のときもあります。多く産まれるほど、生産者はうれしいでしょうね。

Q3. 豚の妊娠期間はどのくらい？

A　人と同じ10か月弱(280日)くらい

B　人の半分の140日くらい

C　人よりずっと少ない110日くらい

「妊娠期間が短いほど、たくさん豚が生まれるよね」
「人の半分の妊娠期間だと、1年に2回、お産ができるね」
「だったらCが、人間にとっていちばん好都合だ。うまくすると、1年に3回もお産できる」
「そんなに都合よくはいかないよ。人間と同じだけかかるのかも」

——みんなの意見はばらけましたが、豚は114日(4か月弱)の妊娠期間を終え、体重のかなり違う子豚を数時間かけて産むそうです。

「4か月で10匹も産むの？」

「すごいなあ」
「これだと、1年にかならず2回はお産できるね」
「うまくすると、3回できるかも」

――一般的には、3年で6回のお産だそうです。繁殖豚は、3年で60匹もの子豚を産むのです。母豚はすごいですね。

生まれて8か月たつと種付けして妊娠させ、それから4か月後の1歳くらいのときに、はじめてのお産をするそうです。

母乳で育てるのは何日間?

Q4. 子豚の飲む乳首は…
A　いつも同じ乳首(マイ乳首)で飲む
B　どれでもいいから、近くの乳首に吸いつく

「そのときいる場所の、いちばん近い乳首に吸いつくのでは?」
「いや、マイ乳首かも……」
「いつも同じ乳首だと、愛着もわくね」
「でも、どうして、それが同じ乳首ってわかるの?」
「においかも???」

――生まれて6日目ごろには、個々の豚によるいわゆる「乳つき順位」が決まってきて、同じ乳頭から吸う割合は90%にもなるそうです。90%の子豚が、いつも同じマイ乳首なのですね。

「自然のしくみって、おもしろいね」
みんな感心しています。

Q5. **お乳は、いつでる？**

A　いつでも、吸えばでてくる

B　1時間に1回でてくる

C　1日に3回しかでない

「お乳が張らないとおっぱいがでないって、お母さんがいってたから、Aは違うと思うな」

「1日に3回では、赤ちゃんがつらいと思うな」

「1時間に1回でてくるのかな？」

――乳が乳首からだされるのは、1回10～20秒間で、1日に20～24回、およそ1時間ごとにでるそうです。親の授乳と子の吸乳とのあいだの絶妙のタイミングは、天からの授かりものです。子豚は2週間で、体重が2倍になります。10kgに育つと、母乳を卒業します。これを離乳といいます。

Q6. **子豚が離乳するのは、生後どのくらい？**

A　17日前後

B　30日前後

C　60日前後

「離乳まで1か月はかかるでしょう？」

「17日じゃ、早すぎると思うな」

「60日もかかると、育てる農家の負担が多すぎて、商売にならない気がする……」

――子豚の離乳時期は、17日前後と早くなってきています。これは、「人工乳」と称するすぐれた飼料が開発されたことによるそうです。生後17日で母乳から代用乳へ、そして代用乳から人工乳へと進み、2か月後には、子豚育成用配合飼

料を食べるようになります。

「けっこう早く母豚から離すんだね」

よくある子豚の死亡事故とは？

――子豚が離乳するまでのあいだ、ときに死亡事故が起こることがあります。どんなことが原因でしょうか。

Q7. 離乳までの子豚の死亡事故は……？
A　母豚がかみ殺す事故がよくある
B　子豚どうしがかみあう事故が多くある
C　母豚に押しつぶされる事故がよくある

「母親が子豚をかみ殺すかなあ？」
「子豚どうしも、まだ乳を飲んでいる段階だから、かみあわないと思うな」
「押しつぶされるのが正解だよ」

――子豚に授乳しようとしているとき、母豚はやさしい鳴き声をかけつづけるんだけど、突然、寝返りして子豚がつぶされて、死んでしまうことがあります。こうした圧死が起こることはめずらしくなく、大きな問題でした。

Q8. 子豚の圧死をどう防ぐ？
A　広い場所に移す
B　授乳のとき以外は、母豚と子豚を離す
C　柵をつけて、母豚の寝返りを防ぐ

みんな、首をひねっています。

——以前は、檻にセンサーをつけ、母豚が動くと扇風機が回るようにしたこともあったそうです。その寒い風を感じて子豚が隅に寄って、圧死を防ぐ方法です。現在では、柵をとりつけて、母豚が子豚のほうへ倒れないようにして、圧死を防いでいます。最初に見せた写真にも柵が見えていますね。

どのくらい育つと、出荷される?

——飼育される豚には2種類あって、子豚を産ませるために飼っている豚を「繁殖豚(はんしょくぶた)」といい、出産しないで食肉になる豚たちのことを「肥育豚(ひいくぶた)」といいます。

さて、このうち、肥育豚は、どのくらい成長したら出荷されるのでしょうか。

Q9. 豚の出荷時期は?

A　子豚のうちに出荷する

B　成人になったら出荷する

C　中年になったら出荷する

「成人の豚って、生まれてどのくらいなの?」

——繁殖豚のほうは1歳くらいで初産しますから、そのくらいを成人と考えましょう。

「だいぶ早いね」
「では、中年の豚って?」

——生後3年目すぎの豚を中年としましょうか。繁殖豚にお産をさせるための飼育期間が3年ほどだから。でも、いま考えているのは、肥育豚のことで、出産しないで肉になる豚たちのことですよ。

「子豚じゃ小さすぎるよね」

「わたしは、成人豚の1年かな」
「もっと大きく育ててから出荷すると思うから、3年目の中年豚かも」

――現在の肥育豚（肉豚）の出荷日数は160日目くらいで、出荷体重が110kgになっています。上の規準でみれば、5～6か月の子豚のうちに出荷しているのです。

「そんなに早く出荷するんだ」

Q10. なぜ、もっと大きく育てないの？

「そのくらいの豚の肉がおいしいのかな」
「大きく育てたほうが、肉が多くなって高く売れるように思うけど、違うの？」

――体重が110kgを超えるあたりから、餌を食べるわりには肉がつかず、肉質もよくならないで脂（あぶら）がつきすぎて、肉が硬くなってくるからなのです。これを「飼料の利用性が落ちる」というそうです。そのため、子豚のうちに出荷するのです。

「エサばっかり食べられても、農家は困るものね」
「でもさあ、人間の都合ばかり考えてるよね」

2―豚の品種改良を考える

豚はいつから、人間のそばにいた?

――こんなふうに豚が私たちの食糧になったのは、いったい、いつごろなのだろう？　つぎは、豚が家畜ととして飼われるようになった歴史を考えてみよう。

Q11. 豚の先祖は、なあに？

A　牙(きば)がはえてくるから猪(いのしし)

B　牙がないから、猪とは別のもの

「えっ、豚に牙なんてないよね」
「でも、猪を飼いならして豚にしていったって、聞いたことがあるなあ」
「牙はどうしたんだろう？」
「改良して牙をなくしたのかな？」

――みんなのいうとおり、豚は猪を飼いならしたものです。人間の定住化とかかわりがあって、飼いながら豚にしていったのです。

世界でもっとも古い豚の骨は、中国南部の遺跡で発見されました。紀元前8000年ごろの新石器時代のものです。紀元前4000年ごろのメソポタミアでも飼われていたといいます。18世紀以降、ヨーロッパとアジア系の豚によってさまざまな交配がおこなわれて、現在の豚の品種ができあがっているのです。

「その過程で牙がなくなったの？」

――いや、牙はいまでもあるのです。

「うそ～！」

——肥育豚は生まれてすぐ、去勢され、牙（犬歯）を抜かれています。そのシーンは、あとでDVDで見ましょう。

人間は、豚をどう変えてきた？

Q12. 猪から人間の食糧の豚にするために、なにを変えただろう？

「猪と豚を比べると、豚がおとなしい感じがする」
「野生っぽいところを抜いていったのかなあ」
「肉の部分が多くなるようにしていったのでは？」

——猪は頭でっかちで、頭の部分が、体全体の70％もあります。前足からうしろの部分は30％しかありません。これを、交配しながら改良していって、現在のランドレース種の豚は、頭の部分が30％で、前足よりうしろの肉の部分が70％になっています。

●猪と豚の体の違い

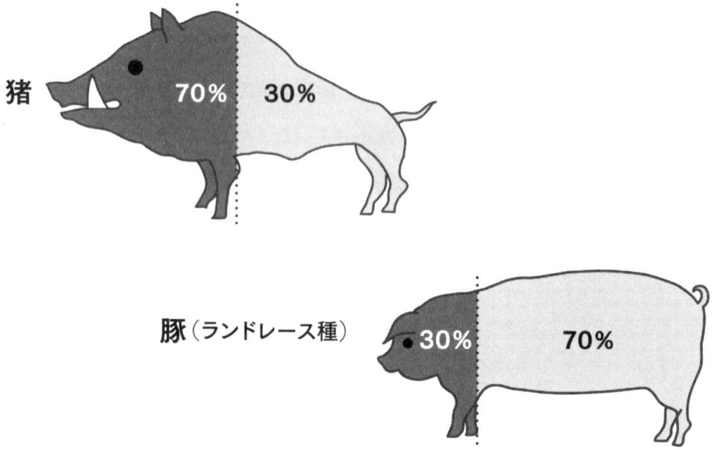

「肉になる部分を多くしていったんだね」

——猪は1度に5匹ほどの子どもを産み、体重が90kgになるのに約400日かかるけど、改良した豚は10匹産むし、体重が90kgになるのに約180日。いまでは約160日で、110kgに達するそうです。これらも変えてきたことだね。

「すごく人間に都合よく変えてきたんだなあ」(みんながうなずく)

Q13. 豚が飼いやすかった理由はわかるかな?

「なんでも食べるからじゃないの?」
「人間のウンチも食べるってきいたよ」
「おとなしいから飼いやすいのかも」
「やっぱり、いっぱい産んでくれるからかな」
「放しても、遠くへ行かないのかも」

——飼いやすかった理由は、

①雑食性でなんでも食べる
②群れをつくる性質があるので、囲いのなかで飼育するのに都合がよい
③妊娠期間が比較的短く、多産であり、子豚のときから飼いやすい
④繁殖の習性が単純で、改良に便利

これらが、飼いやすい理由にあげられているよ。

「豚って、人間にとって都合のいい性質なんだね」

3―豚と日本人

日本人は、どれだけ豚を食べている？

――それでは、そんな豚を日本ではどこで生産し、どう消費しているか、みてみましょう。

Q14. 日本人がいちばん多く食べる肉は？

A　もちろん豚肉

B　意外と牛肉

C　やっぱり鶏肉

「安いから、鶏肉が多いと思う」

「名古屋コーチン、おいしいよ」

「若い人はハンバーガーが好きだから、意外と牛肉が一番じゃないかな」

「ウチでは豚肉がダントツに多いけど……」

――日本人1人が1年間に食べる肉の量は、こうでした。

①豚肉17.3kg　②鶏肉12.0kg　③牛肉6.9kg　（2006年データ）

「やっぱり豚肉が一番だね」

Q15. 豚の生産量・第1位の県は？

A　岩手県

B　群馬県

C　鹿児島県

「たしか鹿児島県だと習ったよ」
「岩手県も多そうだけど、やっぱり鹿児島県だな」

――2005年の豚の生産量は、

1位	鹿児島県	197万4807頭
2位	宮崎県	139万4468頭
3位	茨城県	117万1667頭
4位	群馬県	105万7514頭
5位	千葉県	103万8867頭

全国出荷数は、1624万2549頭でした。

Q16. 豚肉をいちばん多く食べる県は？
A　鹿児島県
B　神奈川県
C　秋田県

「やっぱり鹿児島県かなあ」
「地域の人が食べてくれるから、生産も一番！」
「人口の多い神奈川県かもよ」
「だったら、東京が一番のはずだよ」

――2006年の豚肉の消費量は1人平均17.3kgだったね。多く食べる県は、

1位	秋田県	22.7kg	6位	岩手県	19.3kg
2位	青森県	20.9kg	⋮		
3位	新潟県	19.7kg	⋮		
4位	宮城県	19.5kg	47位	高知県	12.3kg
	福島県	19.5kg			

という結果でした。

「すごい。東北地方の人が豚肉を多く食べてるね」
「寒いからかな？」
「秋田県には比内地鶏があるのに、豚肉を日本一食べてるんだね」
「どうして、東北の人が多く食べるの？」

——鶏肉の消費は九州が多く、牛肉の消費は西日本が多い。そして豚肉の消費は東北が多いね。なぜかとはっきりした理由はあげられていないけど、これまでの食文化の違いが影響していると、農林水産省は考えているよ。

豚肉は外国からもやってくる?

Q17. 日本は豚肉を…
　A　国産だけでほぼまかなえる
　B　半分近くは輸入する

「国産だけでまかなえるのでは？」
「でも、豚インフルエンザで騒いだとき、アメリカやメキシコから輸入してるって聞いたな」
「輸入してるよ、きっと」

——日本では2005年、豚肉は、国産が約87万トン、輸入が87.9万トンでした。50%が輸入されていますね。アメリカから29万トン、デンマークから23万トン、カナダから19万トン、このほか、メキシコやチリなどからも輸入されていました。

「輸入する理由って、なんなの？」

——一番の理由は安いからです。アメリカと日本の豚の生産コストは、3倍違います。だから、輸送費や関税を払っても安くなるのです。

また、たとえばトンカツに使う肉は、ロースやヒレがほとんどです。でも、日本では、その部分だけ大量に買うというわけにはいかないのです。アメリカやカナダからは部位ごとに輸入できるので、有名なトンカツ・チェーンは、アメリカ産やカナダ産を使っているところが多いね。

「そういえば、このまえ食べたトンカツ屋は、アメリカからの輸入っていってたよ」
「輸入するわけがわかったよ」

ブランド豚の開発って？

――1997年10月に、霜降りのブランド豚「Tokyo－X」という肉が登場しました。

Q18. スーパーポーク・Tokyo－X を開発したのは？
A　東京都
B　東京の民間会社
C　アメリカ

「スーパーポークって、かっこいいネーミングだね」
「おいしい肉なの？」
「霜降りなんだ」
「意外とアメリカが開発してたりして」

――東京都畜産試験場が、7年の歳月をかけて開発に成功した豚です。鹿児島黒豚、北京黒豚、デュロック（一般の白豚）の3種類をかけあわせて開発したのです。「やわらかく」「霜降りで」「発育が早く、しかも丈夫」と、3種の長所だけを受けついだ豚です。

「うわっ、すごいな」
「おいしそう！」
「食べたくなるね」
「東京都もがんばってたな」

——価格は白豚より３割以上高く、黒豚なみです。飛ぶように売れて、品薄の状況です。宮城県では８年の研究で「しもふりレッド」を開発しています。ブランド豚の開発競争ですね。

「おいしい豚をつくって、もっと買ってもらおうという作戦だね」
「でも、おいしくて安くなればいいよね」

4―いのちの食べ方を考える

豚がお肉になるまで

――こうして大量生産した豚は、どのようにして家庭にやってくるのでしょう。「豚」という生き物のいのちを食べるということについて考えましょう。

Q19. 豚肉工場では、どんなふうに作業している？

A　ほとんど人力で枝肉（えだにく）（食肉）にする

B　ほとんど機械化されている

C　人力と機械と、半々でやっている

「ぜんぶは機械でやれないのかもね」
「ほとんど人手……これはないな」
「Cの、半々かもね」

ここで、ドイツのドキュメンタリー映画のDVD『いのちの食べかた』（紀伊國屋書店）の豚の部分を見せました。

繁殖豚にビニール管を差し入れて、チューブに入った精子を流し込むシーン。柵のなかで母豚からお乳を飲む赤ちゃん豚。赤ちゃん豚の犬歯を切除し、去勢しているシーン。大きくなった豚を機械のなかに追い込み、屠畜（とちく）するところ。1頭ずつ片足で吊りさげ、機械で腹部を切開し、内臓を取りのぞく、従業員がナイフをよく研いで解体作業をするようす――。みんな、顔が引きつってきました。

「すごいショック」
「こんなふうに解体して、肉にしてるんだ」
「機械も人手もあったね」

「ふだんスーパーで、ラップされたものしか見ないから罪悪感がなかったけど、これを見ると考えさせられるな」
「わたしは人間の罪を感じた」
「当分、豚肉食べられないかも」

それぞれショックを受けた内容でした。小さい子どもたちには刺激が強すぎるシーンもでてきますので、授業に使うときには、授業する対象をよく考えることが重要になると思います。

食糧？ 動物？ みんなでディベート！

Q20. **豚は、人間に神があたえてくれた食糧である？**
Yes or No

――2つに分かれてディベートしよう。

ジャンケンしてグーとパーに分かれ、グーをYes派、パーをNo派にしました。まずはYes派からです。

○豚は人間が長いあいだかけて、食糧に向くように、早く育ち、多産でと改良し育ててきたものだ。そのおかげで飢えないで肉を食べることが可能になったのだから、神があたえたかは知らないけど、人間の食糧になったと思う。
○わたしも、食べないと死んでしまう人間が、狩りや飢えのたいへんさから脱皮するために改良してきた豚肉は、とても大切な人間の食糧だと思う。
○殺すときはかわいそうだけど、トンカツもおいしいし、豚肉はおいしいよ。ぜったい、人間の食糧だよ。
○ぼくも、豚はありがたい人間の食糧だと思うよ。

つぎに、No派の意見。

×いったいだれが、人間の食糧って決めたのさ。豚がかわいそうだよ。
×60匹も産まされて、みんな食べられちゃうんだよ。ぜったいかわいそうだよ。
×どうして、同じ動物なのに、犬や猫はかわいがられて、豚は殺されなければならないの？
×豚じゃない肉を食べれば、豚も生きられるよ。
×屠畜のしかたがベルトコンベア式で、人間性がないよ。
×人間はみんなベジタリアンになればいいのかも。

議論が盛り上がります。

○かわいそうっていうけど、いままでもそうやって人間は生きてきたんだよ。
○豚を一生殺さずに飼っていったら、豚だらけになっちゃうよ。
○犬や猫だって、飼われていたのに捨てられて、動物保護センターで殺されてるっていうよ。
○全員ベジタリアンなんて、なれっこないよ。それにベジタリアンだって、植物を殺して食べてるんだぞ。
○人間性のない殺し方っていうけど、大量の肉を生産するには、合理的にやるのはしかたがないことだよ。
×人間の残酷さは、こういう動物の死に無関心なことにあると思うな。
×人間に勝手に妊娠させられて、10匹も子どもを育てて、ぜんぶ奪われるなんて、かわいそうじゃない？

○「いただきます」ってことばは、あなたのいのちを感謝していただきますってことだと聞いたことがあるけど、それって人間の感謝のしかたじゃないかな。
○やっぱり人間は、豚さんに感謝して食べるのがいちばんいいと思うな。
×でも、動物虐待じゃないか。
○そんなことないよ。人間が生命を維持するのには、しようがないことだよ。

ディベートは、豚を感謝して食べないと人間は生きていけないという論と動物虐待論に収束していきました。

学校で学ぶ時代に一度、「食」を見つめることは必要だと感じます。人間の歴史が抱え込んできた永遠の課題と向きあうことは、人生にとって必要なことだと思います。

〔授業を終えて〕

『ブタがいた教室』という映画が2008年、上映されました(原作は黒田恭史『豚のPちゃんと32人の小学生』〈ミネルヴァ書房〉)。

6年生の子どもたちが学校で子豚を飼い、その豚を育てて食べるという「学び」をしようとする物語です。卒業をまえにした子どもたちは、大きくなった豚のこれからに悩みつづけます。

「人間の食を見つめる学び」は、生活が分化し、暮らしのなかでいのちをいただいている意識が喪失してきている現代人に必要なことと思えます。子どもたちのどの年代に、どう出会わせるかは教師が考える問題でしょうが、「いただきます」の意味を考えることには大きな意義があると思います。

DVDの映像は刺激が強すぎると考えるみなさんには、内澤旬子『世界屠畜紀行』(解放出版社)が、東京都中央卸売市場・食肉市場内の芝浦屠場をイラストつきでルポしていますので、おおいに参考になると思います。

わたしの授業が参考になれば幸せです。

〔参考文献〕

『今がわかる日本地図　2008』(成美堂出版)

伊藤宏『食べ物としての動物たち』(講談社)

別冊宝島編集部＝編『食品のカラクリ　「肉」のヒミツ』(宝島SUGOI文庫、宝島社)

内澤旬子『世界屠畜紀行』(解放出版社)

ニコラウス・ゲイハルター＝監督、DVD『いのちの食べかた』(原題 Our Daily Bread、紀伊國屋書店)

この授業について

人間の食糧を増産してくれる豚。60匹もの肉になる子豚を産み、みずからも肉となる繁殖豚。

そのけなげさに人間は感謝しないといけないと、強く思いました。それが、この授業をつくるはじまりです。

子どもたちは豚がどのように育ち、食肉になるのか知りません。ただスーパーなどで販売している肉のパックを知っているだけです。

生まれてすぐ去勢され、牙(犬歯)を抜かれて始まる豚の一生を見つめさせたいと思いました。そして、「豚は人間に食糧としてあたえられたもの」という考えを吟味しようと、授業をつくりました。

肉の生産のしくみを知ることは、人の生き方を謙虚にすると思うのです。わたしたちは動植物の命をもらって生きている事実をしっかり把握し、生きていくことが大切だと考え、クイズから始まる授業にしました。

授業はディベートが中心で、最後のまとめの時間がなくなり、オープン・エンドで終わっていますが、授業の最後に、人間の食を見つめる大切さを話してほしいと思います。

授業のためのワンポイント

●—DVD『いのちの食べかた』は、小学校高学年からなら見ても大丈夫だと思いますが、繊細な子どももいるので、クラスのようすを考えて判断してください。

映像が刺激的すぎるなら、『世界屠畜紀行』(解放出版社)の本が、絵でようすを伝えています。

●—豚の赤ちゃんが母豚のお乳を飲んでいる写真は、子どもたちを惹きつけます。

豚を飼っている農家が近くにあったら、見学するのも楽しいでしょう。

「マグロ」の授業
——寿司ネタの王様の知られざる現実

寿司や刺身で大人気のマグロ。わたしたちは、大好きなマグロを1年中、食べることができます。このような状況になるまでには、冷凍保存技術の発明や養殖方法の研究開発など、さまざまな努力の積み重ねがありました。

今回の授業は、マグロの世界を追究しました。参加したのは、小学校高学年2名、中学生2名の子どもたちとそれぞれの母親です。親子で楽しく考えられるように、授業は○×クイズ形式でおこない、知られざるマグロの生態から漁法、遠洋マグロ漁のフード・マイレージまで、たくさんの問題に挑戦してもらいました。

和歌山県の勝浦漁業協同組合地方卸売市場には、
多くのマグロが集まってくる
© 浅野和恵

1―身近なマグロの意外な事実

マグロは休めない？

――マグロが食べられなくなるといううわさを聞いたことはありませんか？

「上海の回転寿司屋の店長が、築地で極上のマグロを買いしめたって聞いたことあるけど」
「ぼくは回転寿司でマグロを食べるけど、トロは高いからダメってお母さんがいうよ」(笑)
「マグロ大好きだから、食べられなくなると困るなあ」

――では、みんなの好きなマグロについて、現状と課題を○×クイズで考えていきましょう。まずは、マグロの基礎編です。

Q1. マグロはいつも、口を開けて泳いでいる？

「そんなことないと思うな」
「ずうっと口を開けていないよね」
「わたしも、口を開けて泳ぐと海水が入ってきて、困ると思うわ」
「だから×！」

――答えは○です。マグロは、10年以上生きる大型の魚で、時速100km以上で泳ぎます。1年の半分はイワシやイカをもとめて泳ぎ、あとの半分は産卵のために世界中を回遊しています。マグロは、止まっていると水中の酸素を取り込めません。つねに泳いでいないと、エラが閉じてしまい、死んでしまうのです。ですから、マグロは一生、口を開けて泳ぎつづけているのですよ。

「へえ、そうなんだ」
「こんど、水族館に行ったら、よく見てみよう」
「酸素を取り込むためならわかるわね」
「一生、口を開けているなんて、つらくなのかしら」

いちばん大きいマグロは?

Q2. **いちばん大きいマグロは、キハダマグロ?**

「たしか、クロマグロのほうが大きいと思ったけど」
「わたし、刺身しか見たことないから、わからない」(笑)
「わたしも違うと思うな。これは×!」

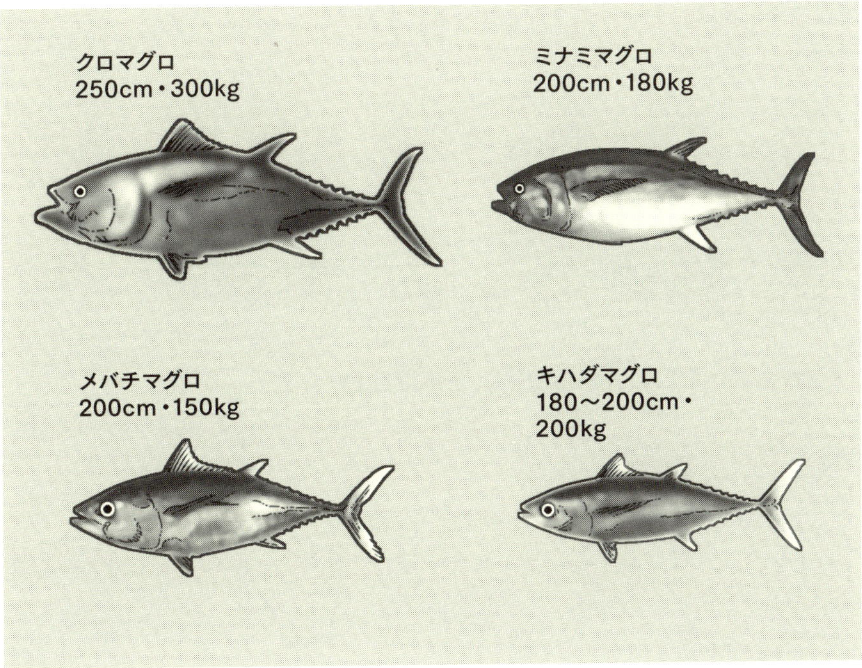

——正解！　答えは×です。キハダマグロは体長180cm程度ですが、ミナミマグロやメバチマグロは200cmに育ちますし、クロマグロは250cmを超え、300cm・400kgの大きさになるものもあります。このクロマグロは本マグロともよばれ、もっともおいしいと人気があります。

「大間の一本釣りは有名だよね」
「クロマグロ食べたくなった」(笑)

昔は捨てられていたトロ

「日本人は、いつからマグロを食べてたの？」

——縄文時代から食べてはいたけど、江戸時代中期からよく食べるようになりました。昭和初期までは赤身が好まれ、トロはすぐ腐るので捨てられていました。冷蔵技術が発達してから、トロも食べられるようになったのです。

「トロを捨てるなんて、もったいないな」
「ぼくが食べてあげるのにな」(笑)

いろんな漁法がある

Q3．マグロをとる「延縄漁法」は、日本で生まれた？

「漁法はわからないなあ」
「三浦半島の三崎港にはマグロ船がよく来るけどねえ」
「日本かもしれないね。みんながマグロを食べるから、漁師さんも考えたのかも」
「これは○にしましょ！」

——答えは○です。

「ヤマカンがあたったね」(笑)

——江戸時代に千葉県館山で開発されました。いまの延縄漁は100～160kmも延縄を伸ばします。針は3000個もつけ、エサのイワシやサバやイカなどを大量に必要としますが、1回に3～5匹しか獲れないこともめずらしくないそうです。

●延縄漁法

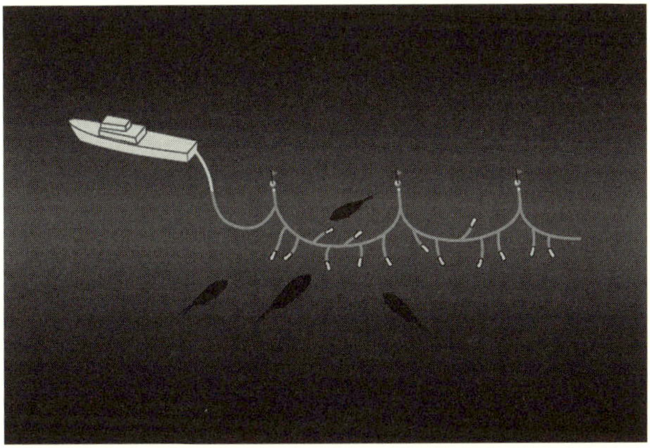

①

「すごい長い距離を流すのね」
「エサも大量に必要になるね」
「それで3匹じゃ、採算あわないね」
「赤字になっちゃうよ」

——このほか、マグロをとる漁法には、青森県大間で有名な一本釣り漁や、巻き網漁があります。巻き網漁は、マグロ以外の魚もいっしょに混獲してしまい、それらの魚は捨てられてしまうので、資源保護と逆行するという批判があります。

●一本釣り漁法

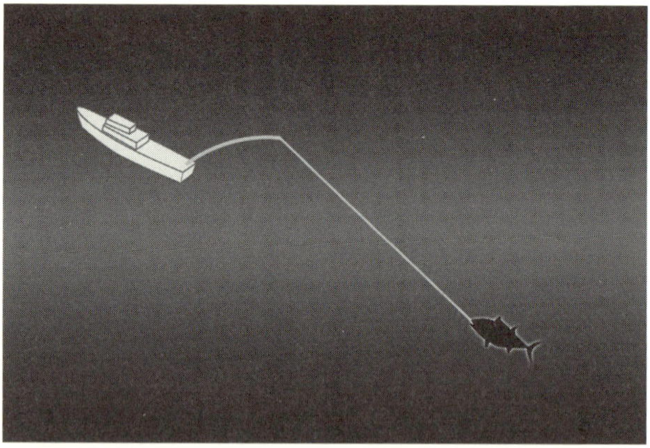

②

●巻き縄漁法

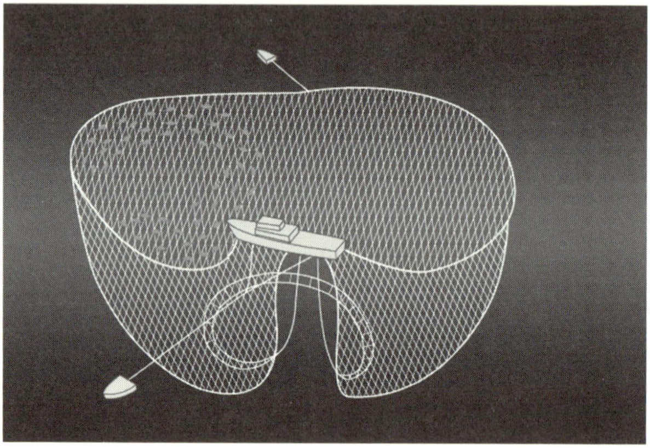

③

ここまでの内容を映像で見ましょうと、先述のアジア太平洋資料センター(PARC)が制作したDVD、『食べるためのマグロ、売るためのマグロ』の前半を見ました。

「あっ、マグロが口を開けて泳いでる」
「あんなふうにマグロをとるのね」
と、みんな喜んで見ていました。

(①〜③のイラストは、DVD『食べるためのマグロ、売るためのマグロ』より転載)

2 ― 世界中のマグロを食べる日本人

外国生まれの国産マグロ

Q4.「国産マグロ」と表示されるのは、日本近海でとれたマグロだけ？

「日本の船がとったのは、国産になるんじゃないの？」
「インド洋でとっても？」
「そうか、違うか」
「日本近海でとったものだけかもね」
「これは○」

――答えは×です。日本の船がとると、国産になるのです。現在では、日本近海で20％、南太平洋・大西洋・インド洋で80％とっています。

1970年ごろ、マイナス60℃の超低温凍結技術が開発され、とったマグロをすぐに冷凍し、2年ものあいだ刺身で食べられるほど、新鮮な状態に保てるようになりました。これにより、遠くの海でとったマグロを冷凍して日本に持ちかえる漁が一般的になりました。

日本船は、インド洋など世界中の海で、1年以上にもわたって操業を続けています。とれたマグロは、マグロ運搬船が日本に運びます。マグロ運搬船は、日本からエサや船員の食糧、水などを届けます。届けられるエサは、アメリカの冷凍イワシ、インドネシアのムロアジ、南米のイワシ、日本のソーダガツオ、コノシロ、イカなどです。

長期間の漁なので、乗組員も交代します。交代に船を使うと、たとえばインド洋のモルディブ沖までは、片道だけで18日もかかります。そのため、乗組員は飛行機で日本と船のあいだを行き来するのです。

「やっぱりインド洋でよかったんだ」
「国産っていうけど、ずいぶん遠くから日本へ運んでくるんだね」
「エサも外国から運んでくるよ」

——国産といっても、膨大な輸送距離になりますね。

マグロを食べる国、マグロを売る国

Q5. 日本船のとるマグロの量は増加している？

「マグロが獲れなくなってるって聞いたわ」
「資源が少なくなってるっていわれてるよね」
「これは×にしましょう」

——答えは×です。日本の船がとるマグロの量は、1963年をピークに減りはじめ、2000年以降はさらに減少しました。

「やっぱり」
「でも、回転寿司ではマグロをたくさん食べてるよ」

——そう、マグロの消費量は増大しています。わたしたちがマグロを食べつづけられるのは、輸入マグロが増加しているからです。2002年には、輸入マグロが消費量全体の50％を超えました。50か国以上から輸入しているのです。

「輸入マグロを食べてるのか」
「日本人はマグロ好きだもんね」

Q6. マグロは、日本人より中国や欧米の人のほうが多く食べている？

「やっぱり、日本人がいちばん食べてるわよ」
「でも、テレビで、中国の人が回転寿司で食べてるのを見たよ」
「アメリカでも、日本食がブームだって聞いたわ」
「それだって、日本にはかなわないわよ」
「じゃ、×にするね」

――答えは×です。中国では、富裕層の魚食ブームでマグロの消費が伸びていますし、欧米でも、狂牛病や鳥インフルエンザなどによる肉食離れもあり、マグロの消費が伸びています。

しかし、2005年の1人あたりのマグロ消費量は、中国40g、EU640g、アメリカ930gにたいし、日本は3720gもありました。日本は中国の93倍もマグロを食べているのです。世界一マグロを食べる国ですね。

「やっぱり日本かあ」
「刺身といえばマグロ、と思う人が多いものね」
「スーパーでも、マグロはどこでも売っているもの」

Q7. 日本がマグロをいちばん多く輸入している国は、台湾である。○か×か？

「そうかなあ。オーストラリアで養殖してるって、テレビで見たことあるな」
「地中海からマグロを輸入してるっていうのも、聞いたことあるよ」
「ネコ缶はタイだったよね」
「近いから、台湾なのかな？」
「これ、×にしましょう」

——答えは○です。2006年には、台湾から約8万2000t、韓国から約4万3000t、中国から約2万7000t、フィリピンから約1万8000t、インドネシアから約1万5000t、オーストラリアから約9600t、輸入しました。このほか、バヌアツ、クロアチア、マルタ、タイ、スリランカ、スペイン、メキシコなど、58か国から輸入しました。

「すごい！　世界中の国から輸入してるんだ」
「台湾からが多いんだ」
「そういえば、新聞に、日本のマグロ船を台湾が買ってるって記事もあったわ」

Q8. 日本人がマグロを食べているフード・マイレージはとても高い。○か×か？

「フード・マイレージって、なあに？」
「遠くから食べ物を運んでくるってことじゃないの？」
「食糧をたくさん輸入してくると、フード・マイレージが大きくなるんだよね」
「だったら、○だ」

——答えは○です。フード・マイレージとは、食べ物の重さに移動距離をかけた数値です。この数値が大きいほど、輸送のための環境負荷が大きく、CO_2をだして地球を汚すことになります。

日本のマグロ漁船は、遠くインド洋モルディブ沖などでマグロをとり、日本に運んできます。モルディブまでは約1万2000km。このほかに、エサの冷凍イワシをアメリカから、ムロアジをインドネシアから、イワシを南米から運んできますから、それも加えると、フード・マイレージはとても高くなります。（本書「『コンビニ弁当』の授業」参照）

「日本は、マグロを食べるために地球を汚しているというわけかあ」
「なんかイヤだね」

「日本って食糧自給率が低いから、たくさん輸入してくるものね」
「地球には悪い国になってしまってるね」

廃業に追い込まれる日本の漁師たち

Q9. マグロの消費量は伸びているので、不況のなかでもマグロ漁関係者の仕事は安泰？

「そうだよね」
「もうかっているはずだよね」
「でも、マグロ御殿って聞かないわね」
「一応、○にしましょう」

——答えは×です。海外では、このままだとマグロが絶滅するのではないかと心配する声があがっています。

マグロ資源を管理する国際機関がクロマグロやメバチマグロの漁獲量の削減を決めたため、2009年、水産庁は遠洋と近海のマグロ延縄漁船87隻を減船することを決定しました。遠洋漁船64隻、近海漁船23隻のマグロ延縄漁船が廃船となり、スクラップにされる運命となったのです。10年まえの1999年にも132隻が減船されています。「マグロ大国」の日本に向けられている世界の目は、きびしさを増しているのです。

2009年3月までに水産庁に廃業届を提出した漁業者には、漁業団体の積立金から乗組員の退職金や廃船費用が支給され、再就職の支援も受けられるとのことです。しかし、雇用情勢のきびしいなか、全国で1000人を超えるといわれる漁業離職者は不安でいっぱいでしょうね。

「これじゃ、豊かになれないね」
「マグロ関係者も頭が痛いのね」

「みんながマグロ食べてるのになあ」

――国内で最多の20隻が減船となった宮城県の気仙沼港には、桟橋に大型漁船がひしめいています。解体用のドックのある九州などへの出航を待つ延縄漁船です。今回の減船により、気仙沼港では、マグロの水揚げで年間約10億円以上の減額が予想されるそうです。マグロ漁関係者もきびしい季節を迎えているのです。

「解体を待ってるなんて、つらいわね」
「派遣社員や非正規労働者の問題と同じようだな」

3―養殖をめぐる問題

高く売れるマグロって、どんなマグロ？

Q10. 養殖マグロは、トロの部分が多いマグロをめざしている？

「トロが多いと、高く売れそうだね」
「でも、トロを多くするなんて、できるの？」
「できたら、わたしたちも大トロが安く食べられるかもね」
「いい、ぜったいいい。これやってほしい」(笑)

――答えは〇です。日本の市場で高く売れる、脂ののったマグロを生産することが、養殖マグロの大きな目標なのです。

マグロの養殖は世界中でおこなわれています。成魚になったらイワシ、サバ、イカなどのエサを与えて、天然物には約1～2割しかないトロの部分をさらに約2～4割増やしています。それに、生け簀(す)では海と違って運動量が少なくなるので、脂肪が多いトロが増えるのです。

「すごい。もうできてる」
「でも、食べさせて運動しないなんて、成人病になっちゃうよ」
「お相撲さんのように、食べて昼寝するのかな」
「お相撲さんは稽古でたくさん運動するもの。もっと悪くない？」
「じゃ、トロが多いのは病気のマグロということになるのかなあ」
「高く売るように考えてることはわかるけど……」
「こうしてトロを増やしても、微妙だな」
「マグロの養殖って、世界中でやってるの？」

——2005年には、世界で2万2000tの養殖マグロが生産されました。この年の1位はメキシコで7869t、2位がオーストラリアの7458t、3位がクロアチアで3425t、4位がスペインの3364tでした。このほか、イタリアやチュニジアなどでもマグロの養殖はおこなわれており、日本の回転寿司店や量販店への安定供給を支えています。

「養殖マグロのおかげで回転寿司がやっていけるのか」
「でも、遠くから運んでくるんだね」
「これもフード・マイレージが気になるね」

膨大なエサと環境汚染

Q11. 養殖マグロを1kg太らせるには、5kgのエサが必要？

「意外と少ないエサですむのね」
「いや、もっと食べさせてるのでは？」
「10kgくらいあるかな？」
「たくさん食べさせてる気がするから、×にしようよ」

——答えは×です。メキシコの太平洋岸の町、エンセナダでは、エサをもとめて回遊してくる2歳のクロマグロ(10～50kg)を巻き網でとり、生け簀で太らせ、商品価値を高めて日本などに輸出しています。マグロを1kg太らせるためには、エサが15kgも必要になるそうです。

「やっぱり、たくさん食べさせてるんだ」
「1kg太らせるために15kgなんて、もったいないね」
「イワシやサバがかわいそう」
「でも、このおかげでマグロを安く食べられるんだよ」

「もっと養殖を増やして、値段をもっと安くしてほしいな」

——このエンセナダのクロマグロたちは、養殖されなければ、5歳までこの海域でエサを追いかけながら育ち、太平洋を横断して、100kgになって日本近海にやってくるマグロです。

「えっ？　だったら養殖せずに、日本近海にやってきたのをとったら、エサはいらないよ」
「そうだよ。なんか本末転倒してるね」

——ほんとに、日本近海でとったら膨大なエサも必要ないのに、なんとももったいない話ですね。

「マグロの養殖って、問題あるんじゃないの？」

Q12. 養殖マグロは環境にやさしい？

「これは問題ありだよ」
「フード・マイレージが高くなりすぎるよ」
「エサだって、人間が食べられるものを大量にマグロに食べさせてるよ」
「これはぜったい×！」

——答えは×です。養殖マグロはメキシコなどから空輸されてきますが、空輸はCO_2を船の37倍も排出します。わたしたちがマグロを食べるために地球を汚しているといっても過言ではありません。

「空輸なんかしたら、フード・マイレージがはね上がるよ」
「飛行機で運ぶのがいちばんCO_2を出すんだよね」

「でも、早く運ばないと品質が落ちてしまうからでしょ？」
「冷凍のマグロじゃないんだ」
「それにしても、運賃も高いし、値段も高くなるのに……」

――メキシコからの輸送料は、空輸するわりには割安といわれてるよ。

「そんなこといったって……」
「ほかにも問題あるんでしょ」

――2007年、全米熱帯マグロ類委員会は、マグロ資源の枯渇を警告しました。さらに地中海でも、環境団体のWWFが、「地中海のマグロ資源が減少しているのは、養殖のための乱獲が原因だ」と訴えました。養殖のために若いマグロを捕獲することも、資源枯渇の大きな原因でした。このほか、養殖は食べのこしのエサやフンが海を汚しているとの指摘もあります。養殖マグロも問題をかかえていますね。

「数が少ないのに、若いマグロをたくさんとったら、もっと減っちゃうね」
「人間はマグロを食べつくすかもね」
「なんかこわくなってきたわ」
「サケみたいに、卵から育てて放流するって、できないの？」

できる？　完全養殖

Q13. 日本は、マグロを卵から育てる養殖に成功した。○か×か？

「成功してるといいな」
「日本の技術は優秀だから、成功してるといいな」
「これは、期待をこめて○にしましょう」

——答えは○です。

「やったあ」(笑)
「でも、きっと問題があるんでしょ？」

——和歌山県の串本町では、卵から成魚にするこの完全養殖に1970年から取り組み、32年かかって成功しました。しかし、クロマグロの成魚が1回につき1000万個以上産む卵のうち、成魚まで育つのは1匹だといわれています。

「1000万個の卵のうち、食べられるようになるマグロは1匹だけなの？」
「すごい効率が悪いね」
「何が問題なの？」

——卵からふ化したあと、7～10日で大半が死んでしまうといいます。原因はわかっていません。そこで生きのこっても、20日ほど経過すると、こんどはエサをあたえていても共食(ともぐ)いが始まってしまうそうです。そこを無事通過しても、30～60日たつと猛スピードで泳ぐようになり、水槽にぶつかって死ぬものもでてきます。

サバくらいの大きさになると水槽から生け簀に移しますが、網に引っかかったり、衝突したりして死んでしまうマグロもいます。

「すごい大変なんだね」
「これだと、卵からは無理かもね」

——でも、当初は卵から成魚までの生存率は0.1％だったけど、努力を重ねて3％まで上がっているそうですよ。

「少し希望がみえてきたな」
「もっと努力してって、お願いしよう」

「和歌山県だけなの？　卵から育ててるのは」

――鹿児島県奄美栽培漁業センターでは、島根県・隠岐の島近辺でとった若いマグロを3年間、生け簀で育てて、卵を回収しています。卵の大きさは1mmくらいですが、マグロが3cmに育つまでに99%が死んでしまうそうです。原因はまだ不明です。でも、ここでは、大きくなったマグロを海に放流してるそうですよ。

「サケのやり方に少し近づいてきてるんだ」
「がんばってほしいね」
「成功すると、マグロの資源も回復するかもね」

――養殖もたくさん問題をかかえていましたね。
先ほどのDVDは、「日本には季節ごとにさまざまな魚が水揚げされます。『刺身といえばマグロ』といった画一的な嗜好から抜けだして、水揚げされたさまざまな魚を大切に利用することが求められています」とよびかけています。

「知らないことばかりだったなあ」
「マグロ問題にくわしくなれたね」
「日本近海でとれる魚もおいしいもの」
「うちでは明日から、もっと近海物を食べることにしましょう」
「もうぜったい、マグロしか食べないっていっちゃだめよ」(笑)

最後に、PARCの制作した『食べるためのマグロ、売るためのマグロ』の後半部分のDVDを見て終わりました。DVDも好評でした。

[参考文献]

DVD『食べるためのマグロ、売るためのマグロ』(アジア太平洋資料センター〈PARC〉)

渡辺米英『回転寿司の経済学』(ベスト新書)

堀武昭『マグロと日本人』(NHKブックス)

ライフ・リサーチ・プロジェクト＝編『世界の資源地図』(青春出版社)

川崎健『魚の資源学』(科学全書10、大月書店)

上智大学・世界食糧デーグループ・ペットフード班『アジアを食べる日本のネコ』(暮らしのなかのアジア1、梨の木舎)

この授業について

寿司の定番であるマグロ。資源の減少で、漁獲数削減の動きが進んでいます。また、日本の漁船がとれば、漁場がモルディブの海であっても「国産」になる、というしくみ。フード・マイレージの高いマグロの世界を知ってほしいと思いました。

いま、最大の問題になっているのが畜養です。若いマグロを小さいときに巻き網で捕らえ、養殖する方式です。たくさんのエサをあたえ、大きくなると飛行機で日本に運びます。自然のまま泳いでいると、大きくなって日本近海にやってくるマグロなのに、矛盾を感じます。

さらに、日本が長年にわたり研究してきた、卵から大きく育てる完全養殖の現状にもふれる授業にしました。

この授業では、DVDの映像が力を発揮しました。

いま、魚をスーパーで購入する人が多くいます。スーパーでは魚をめぐっての売り手と買い手の対話もなく、マグロやサケなど定番の魚がパックで並んでいます。

日本は海に囲まれている海洋国家です。季節ごとにあがる海の幸を味わう文化をとり戻したいと思います。

授業のためのワンポイント

●—DVD『食べるためのマグロ、売るためのマグロ』(アジア太平洋資料センター)の映像が有効です。映像が、子どもたちをマグロの世界に連れていってくれます。

●—完全養殖のマグロは、少量ですが販売もされるようになりました。ひと切れでもみんなで味わえたら、未来へ夢がふくらむことと思います。

「ペットボトル水」の授業
——飲み水をめぐる安全とお金の話

急激に消費が増えているペットボトル水——。そもそも、ペットボトル水って、どんな水なのでしょうか。

今回は、人間にとって欠かすことのできない「水」をテーマにしました。安全性は？　値段は？　水道水との比較をとおして、ペットボトル水の実態を追究しました。そこから、CMの影響や水をめぐる地域格差もみえてきました。

この授業は小学6年生、中学2年生の子どもたちとそれぞれの親たちといっしょに、○×問題のクイズ形式でおこないました。そのようすを報告します。

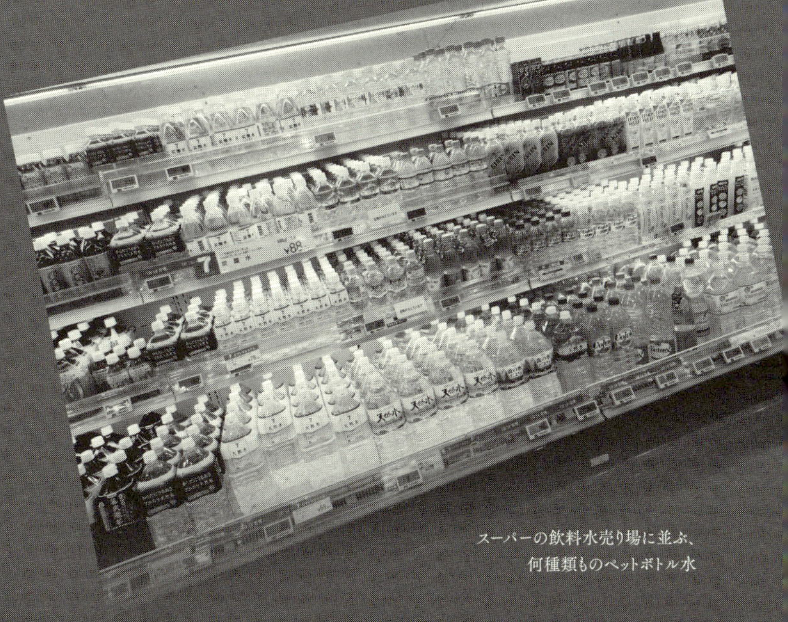

スーパーの飲料水売り場に並ぶ、
何種類ものペットボトル水

1 — 世界中で飲まれるペットボトル水

いちばん飲むのはどこの国?

——みんなの家では、ペットボトル水を飲んでいますか?

「うちでは、お父さんが2ℓのペットボトル水を箱で買ってきて、飲んでるよ」
「わたしの家でも、2ℓのペットボトルを買ってるな」
「わたしんちは水道に浄水器をつけて、それを飲んでる」
「お茶やコーヒー用の水は、スーパーからタンクで汲んできてる」

——今回は、ペットボトル水や水道水について考えていきましょう。親子で相談してくださいね。まずは第1問。

Q1. **ボトルウォーターの国別消費量の1位は日本である。○か×か?**

「ボトルウォーターって、ペットボトル水のこと?」

——そう。国によってはビンに入ったものもあるので「ボトルウォーター」っていったけど、コンビニやスーパーなどで売っている水と考えていいよ。

「そういえば、いまはみんな、ペットボトル水を買って飲むようになったわねえ」
「わたしの家でもペットボトル水だ」
「日本が世界一なのかなあ?」
「もっと人口の多い国が世界一のような気がするけど」
「日本は2番目か3番目じゃない? だから、×にしましょ!」

——答えは×です。2005年には、世界中で1683億ℓのボトルウォーターが消

費されましたが、国別消費量1位は、アメリカの285億ℓです。日本は18億ℓでした。大きな違いがありますね。

●ボトルウォーターの国別消費量（2005年、億ℓ）

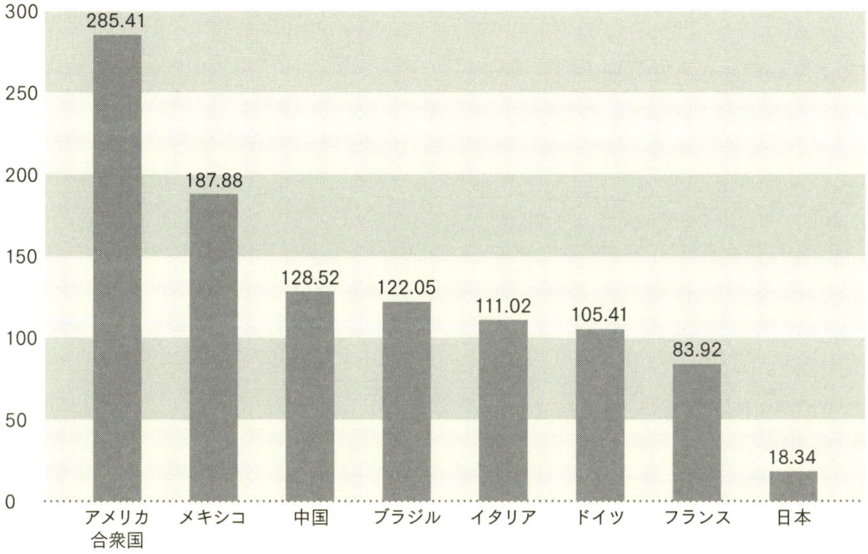

（アジア太平洋資料センターの資料より作成）

「どうして、アメリカの人はペットボトル水を飲むようになったの？」
「水道水が信頼できなくなった事件があったのかもね」

――アメリカでは、1993年に大規模な水道水の汚染事故があり、40万人もの人が集団下痢症にかかり、100人以上が死亡するという事件がありました。この事件から、ボトルウォーターの売り上げが急増していったのです。ちなみに、1990年にペットボトル容器入りのボトルウォーターが出現しています。

「1990年からペットボトル水になっていったのね」
「やっぱり、水道水の汚染があったのよね」
「100人が死亡するなんて、ひどい事件ね」

――国民1人あたりの消費量がもっとも多い国は、イタリアです。1年に1人あたり191.1ℓも消費しています。

「2ℓの大きなペットボトル水を、90本以上飲むんだね」
「4人家族だと、毎日1本になるよ」
「どうして、イタリアが1位なの？」

――イタリアの水道水は硬水といって、石灰分が多い水なんだよ。

「へえ、そんな国もあるんだ」
「だから1位なのか。わかった。じゃあ、アメリカは何位？」

――アメリカは1人あたりの消費量では10位で、1年に98.8ℓの消費です。世界平均は6.7ℓです。

1人あたりのボトルウォーターの消費量・ベスト10（2005年）

1位	イタリア	191.1ℓ
2位	アラブ首長国連邦	180.5ℓ
3位	メキシコ	179.0ℓ
4位	ベルギー	160.5ℓ
5位	スペイン	146.5ℓ
6位	フランス	138.5ℓ
7位	ドイツ	127.9ℓ
8位	レバノン	106.7ℓ
9位	スイス	103.7ℓ
10位	アメリカ合衆国	98.6ℓ
	世界平均	6.7ℓ

（アジア太平洋資料センターの資料より）

「アメリカは1人あたり、1年で、2ℓボトル50本くらいだね」
「日本は世界平均より、きっと多く飲んでいるね」
「違うと思うな。だって、日本は水のきれいな国だって聞いたよ」

——日本は2005年、1人あたり13ℓでした。

「えっ、そんなに少ないの？」
「ウソ〜、多いよ。どうしてそんなに飲むようになったの？」
「昔は違ったでしょ？」
「水道の汚染事故があったのかな？」

——このことは、あとから考えようね。

「日本は、世界平均の2倍、ペットボトル水を飲んでいるんだね」

Q2. 中国ではお茶のほうが好まれ、ボトルウォーターはあまり売れない？

「中国だと、ウーロン茶のイメージだよね」
「そうそう、プーアル茶とかジャスミン茶もあるわね」
「きっとお茶のほうが多いと思うな」
「答えは○！」

——残念でした。答えは×です。世界の水市場で最大のシェアをもつネスレ社（中国語では「雀巣」）が「ピュアライフ」という商品を売りだしたら、中国の人は「ペットボトル水」に飛びついたのです。2005年には1人あたり年間11ℓも消費するようになっています。人口の多い中国は、国別消費量も世界3位に伸びています。

「中国の人もペットボトル水なのか」
「北京は水不足っていうものね」
「わかった。中国の黄土地帯って、雨が少ないんでしょ？」
「あっ、そう。砂漠がいっぱいだよね」
「お茶を水筒に入れて持つ人は少なくなったんだ」

――水筒よりペットボトル水がかっこいい、って思う人が増えたそうです。テレビCMの影響が大きいそうです。

「きっと、若い人たちがそう思うんだね」
「わかった。お金持ちも増えているんだ」
「いまの日本では、水筒のほうが環境にやさしいと思うけどな」
「テレビのCMって、影響大きいんだね」
「買う必要のない人まで買っちゃうんだね」
「テレビのCMに影響された国って、どこなの？」

――アジアでの1位はタイで、1人あたりの年間消費量が2005年には73ℓでした。これはCMの宣伝効果が大きいそうです。さわやかなイメージのCMが流れて増えていったそうです。

「タイは暑いから、ただでさえたくさん飲むよね」
「飲みたいなというときにCM見たら、買っちゃうね」
「それで、日本よりはるかに多くなったんだ」
「日本でも、水のCMはさわやかなものが多いよね」

日本の消費量が増えたきっかけ

Q3. 日本のボトルウォーターの容器には、ペットボトルが多い。○か×か？

「これは○だね」

「ガラスビン入りの水って、見ないよね」

――答えは○です。日本では1924(大正13)年、ホテルなどで、外国人や皇族向けにミネラルウォーターが発売されました。容器はガラスビンでした。一般の家庭に広がったのは80年代です。90年代になるとペットボトル容器がでて、消費は拡大していきます。

●日本のボトルウォーター消費量のうつりかわり（億ℓ）

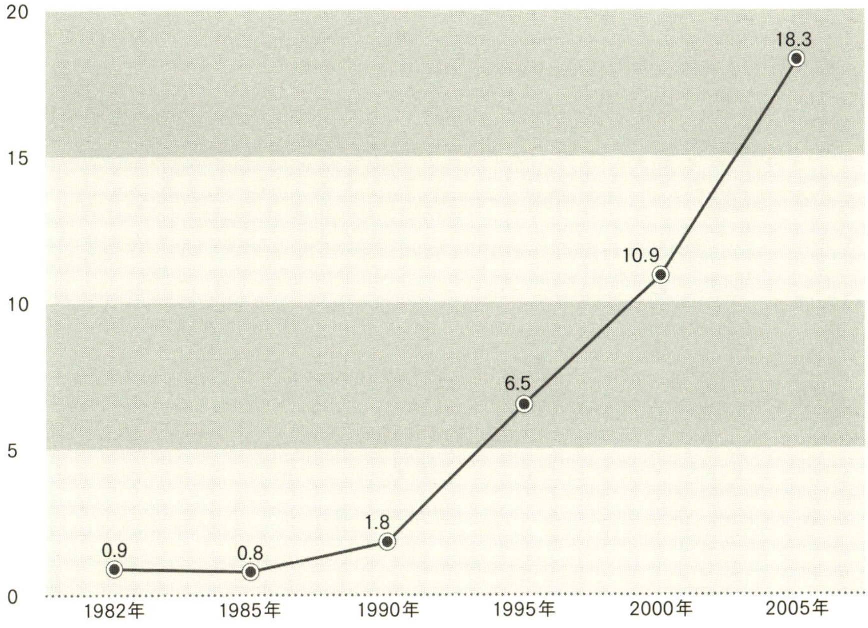

（日本ミネラルウォーター協会の資料より作成）

「日本で増えたのは、テレビのCMの影響だけじゃないでしょう？」
「アメリカのような事件があったの？」

――日本でも90年代に、水道水からトリハロメタンが検出される事件があり、水道水への不信から、ボトルウォーターの消費が拡大していきました。

「やっぱり水道水に事件があったのね」
「どうして、トリハロメタンがでたの？」

――浄水場で川からとり入れた水を処理するときに、塩素を投入します。そのときに発生するトリハロメタンをうまく処理できなかったんだね。発ガン性物質のトリハロメタンが残ったから、みんな驚いたんだ。ふつうに飲むなら大丈夫だけど、トリハロメタンを除去する浄水器が売れたんだよ。

「へえ、こわいなあ」
「ペットボトル水を買うようになったの、わかるなあ」

――1996年になると、リサイクル技術が発達したことで500mℓの小型ペットボトルが解禁され、さらに売り上げが増加していきました。2005年のシェアではガラスビン容器が1.4%、ペットボトル容器が92.4%で、日本で商品化される水はペットボトルが主流になっています。

採水量1位の都道府県は?

Q4. 日本のボトルウォーターは、北海道で採水されたものが多い？

「『六甲のおいしい水』は兵庫県だな」
「『南アルプスの天然水』は？」

「長野県かな？」
「山梨県かもよ」
「いろんな県の水があるから、これは×にしましょう」

――答えは×です。2004年の都道府県別ミネラルウォーターの生産量は、1位が山梨県・52万9388kℓ、2位が兵庫県・14万1249kℓ、3位が静岡県・13万6926kℓ、4位が鹿児島県・8万1567kℓ、5位が富山県・7万933kℓでした。

都道府県別・ミネラル水の生産量ベスト10（2004年）

	〈生産量(kℓ)〉	〈割合(%)〉
山梨	52万9388	40.9
兵庫	14万1249	10.9
静岡	13万6926	10.6
鹿児島	8万1567	6.3
富山	7万 933	5.5
鳥取	5万6330	4.3
山形	5万 765	3.9
北海道	3万5958	2.8
群馬	3万2891	2.5
熊本	2万7332	2.1

（日本ミネラルウォーター協会の資料より）

「ぼくは長野県のイメージが強かったけど、違うんだね」
「山梨県がすごく多いね」

――山梨県で41％も採水していました。採水地は北杜市白州町（ほくとしはくしゅうちょう）に集中しています。「南アルプスの天然水」「森の水だより」「汲みたて天然水」「白州の水」などボトルウォーターの種類も多くあり、その理由には、豊かな自然で地下水が豊富なこと、また都市部など大消費地に近く、輸送コストが安いことが考えられます。

「山梨県だと、東京や名古屋にも近いものね」
「輸送費が少なくてすむね」
「北杜市は南アルプスや八ヶ岳に近いな」
「やっぱり、南アルプスがくれた水なのか」(笑)

——山梨県の78%は森林で、そのうち46%が県有林です。県は森林整備に28億円も支出しています。採水している「ペットボトル水」会社にも課税したいと考えているのですが、実現はまだのようです。

「えっ、課税してないの？」

——水は公共財だから、水メーカーだけに課税するのはおかしいと反対されているそうです。

「それって、なんかヘン」

2 — 水道水との違いを探る

ペットボトル水の値段は何で決まる？

Q5．130円のペットボトル水・500mℓ、水そのものの代金は50円。
○か×か？

「50円だと、値段がもっと高くなるかも」
「30円くらいでは？」
「いや、50円くらいは当然だと思うな」
「さて、どうする？　○にしようか？」
「うん、○にしましょう」

——答えは×です。

「え〜、違うの？」
「やっぱり30円くらい？」

——130円の内訳を見てみましょう。

●ペットボトル水130円の内訳

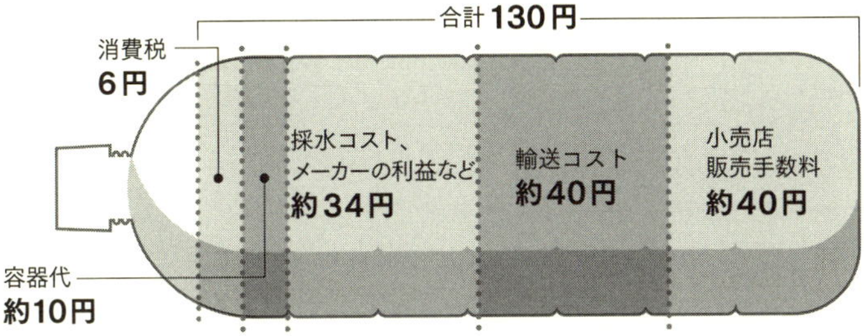

水そのものの代金は……？

――容器代が約10円、輸送コストが約40円、採水や充填、減価償却、メーカー利益が約34円、小売店販売手数料が約40円、消費税は6円。水そのものの代金は、0円なのです。

「え～、0円なの⁉」
「水代は0円なのに、値段が130円もするの？」

――ペットボトル水の料金は、容器や輸送コスト、メーカーや小売店の利益だったのです。わたしたち消費者は「水」を買ったはずなのに、水代は0円なんて、考えてしまうね。そのうえ、排気ガスをだす輸送費にお金を支払っていたなんて、なにかわりきれない思いがするね。

「ほんとうにわりきれないなあ」
「そうか、水代は0円かあ」

水道水の値段はいくら？

Q6. 水道水1ℓの代金は5円である。○か×か？

「5円。そんなに安い？」
「水道水は炊事に使ったり、お風呂に使ったり、洗濯にも使うもの。高いと困るわね」
「1か月の水道代は3000円くらいかな」
「どのくらい使ってるかわからないわね」
「じゃ、○にしよう」(笑)

――答えは×です。水道料金は、給水管の口径の大きさに応じた基本料金と、使用水量に応じた従量料金で構成されています。東京都で、口径20mmの給水管で1か月24m³使用した場合で計算すると、水道料金は、1m³あたり、消費税込みで約140.5円になります。1ℓではなんと、0.14円にすぎません。

「え～、1円しないの？」
「安い！」
「水道水は、そんなに安いのか」

――ペットボトル水は、1ℓ約200円。こんなに値段が違うのに、なぜ多くの人がペットボトル水を飲むのでしょうか？

「テレビのCMでかっこいいと思うからだ」
「水道水の汚染が報道されたことがあったので、安全を求めてかもよ」
「水道水は薬くさいから、イヤなのかな？」
「値段で比べたら、ぜったい、水道水が安くていいよなあ」
「ペットボトル水がかっこいいと思ってたけど、変わってきたな」

安全なのはどっち?

Q7. 水道水のほうが、ペットボトル水（ミネラル水）より検査基準がきびしい。○か×か？

「ペットボトル水のほうがきびしいと思うな」
「飲むために売る水なのだもの。当然だよね」
「これは全員一致で×！」

――残念でした。答えは○です。ミネラル水は18項目の検査基準を設けています。水道水は50項目で、そのほかに自治体は27項目の検査基準を別個に設けており、合計77項目の検査項目を設けています。

「えっ、水道水のほうが検査項目が多いの？」
「知らなかったわ」
「その逆だと信じてたのに」

――その中身を見ると、違いがあるのは、鉛はミネラル水が0.05mg／ℓ以下で、水道水が0.01mg／ℓ以下。ヒ素もミネラル水が0.05mg／ℓ以下で、水道水が0.01mg／ℓ以下。亜鉛はミネラル水が5mg／ℓ以下で、水道水が1mg／ℓ以下、というぐあいです。水道水のほうがきびしい検査基準になっていますね。さて、どっちが安全な飲み水だと思いますか？

検査項目	基準値〈ミネラル水〉	基準値〈水道水〉
鉛	0.05mg／ℓ以下	0.01mg／ℓ以下
ヒ素	0.05mg／ℓ以下	0.01mg／ℓ以下
亜鉛	5mg／ℓ以下	1mg／ℓ以下
カドミウム	0.01mg／ℓ以下	0.003mg／ℓ以下
フッ素	2mg／ℓ以下	0.8mg／ℓ以下
ホウ素	30mg／ℓ以下	1mg／ℓ以下

「水道水のほうがきびしい値だ」
「こんなに違うなんて、考えさせられるわ」
「きょうから水道水を飲もうかな」(笑)
「わたしも」

水にも「格差」がある

Q8. 日本の水道水は、住む場所によって、水道料金と水質面の「格差」が広がってきている。○か×か？

「水道水の値段って、どこもいっしょじゃないの？」
「都道府県で違うのかな？」
「水道水に格差があったら、ひどいよね」
「これは×だな」
「でも、問題にだすってことは違うかもよ」
「じゃ、ばらばらにしようか」(笑)

――答えは○です。20m³の家事用水道料金(2007年4月時点)で比較すると、もっとも安いのは山梨県富士河口湖町の700円、もっとも高いのが北海道夕張市の6048円でした。先進設備を導入して水がおいしくなった東京都は2309円で、全国平均は3065円でした。だいぶ「格差」がありますね。

「こんなに差があるの？」
「5000円以上の差だよ」
「夕張市は財政再建団体になったよね」
「市の財政が破綻すると、水道水までこんなに違ってくるのか」
「考え込んじゃうわね」

――水質も、財政の豊かなところは「急速濾過(ろか)」から、微生物の働きによっておいしい水をつくる「緩速濾過」に転換してきています。この「緩速濾過」は、塩素消毒ではとり除けないクリプト原虫も取りのぞくそうです。

「水質まで違ってくるのね」
「人口が減って水道代が高くなったって、新聞記事を読んだことがあるわ」
「地方の格差っていうけど、これはひどいわね」
「どげんかせんといかん」(笑)

――同じ日本に住んでいながら、人口が減少して財政面が不利な土地の水が、まずくて高くなる。そんな「格差」が広がっていくのに、対処していく必要を感じま

すね。

「ぜったいおかしいわよ」
「水道水がおいしく、安全で安いなら、いちばんいいね」
「水は大切にしないといけないって学校で聞いたけど、こんなふうに授業で学べれば、しみこんでわかったのにな」

この授業は、アジア太平洋資料センター(PARC)が制作した『ペットボトル水』というDVDの内容を中心につくりました。

水の世界も、考えていくことが多くあります。「消費者は賢くあらねばならないな」と強く感じたとの声が印象的でした。

[参考文献]
DVD『ペットボトルの水』(アジア太平洋資料センター〈PARC〉)
柴田明夫『水戦争』(角川SSC新書)
『食農教育』2007年11月号(農文協)
日本水質研究会＝編『いま、水が危ない!!』(土曜美術社)
中西準子『水の環境戦略』(岩波新書)
山田國廣『水循環思考』(北斗出版)

この授業について

ペットボトル水のクイズから始めて、ペットボトル水の値段のしくみを解明したり、水の検査基準の現状をみたり、さらには水道水の料金格差を考えてみたりした授業です。

ペットボトル水のテレビCMの効果で、使用量の急激な増加があり、あらためてテレビのもつ影響力の大きさを感じました。

この授業は、人間にとって欠かせない飲み水は、どうあったらよいのかを考えようと意図したものです。概論はDVDに活躍してもらいました。

いま、水道料金の地域格差が広がっています。人口減少に悩む地方では、水道料金の収入減少の影響で、浄水場の改修もままならず、水質にまで差がでてきました。水道管の老朽化など、日本全体で考えないといけない問題が山積する現実が横たわっています。

水を考える授業は、これからの社会に向けて、大きな意義があると思います。

授業のためのワンポイント

●―ペットボトル水と水道水との「利き水」も面白いと思います。どっちがおいしく感じるか、飲みくらべをします。この体験で子どもたちは、水の世界にぐっと近づきます。同じ水温にして比較するのが条件です。

●―DVD『ペットボトルの水』(アジア太平洋資料センター)も映像として水問題の概論を子どもたちに知らせてくれます。教材研究としても参考になります。

●―水道料金はインターネットで調べられます。最高価格と最低価格のあまりの違いに驚きます。ぜひ最新情報を調べてください。

「ペットがゴミに？」の授業

――いのちと責任について考える

ホワイトハウスのオバマ大統領一家に、生後6か月のオスのポルトガル・ウォーター・ドッグが飼われることになりました。日本でもアメリカでも、ペットとしての犬は大人気です。一方、日本では、毎年、およそ30万匹もの犬と猫が殺処分されている現実があります。

人間の都合で捨てられていく犬たちの現状と、そのいのちを守ろうとする人びとの取り組みを知り、飼い主の責任について考えました。今回は、小学5年生との授業です。

茨城県内の定時定点収集で「回収」されたペット犬
朝日新聞社提供

1―ペット犬ナンバーワン・クイズ

日本のペット犬、登録数ナンバーワンの犬種は?

――みんなの家では犬、飼ってる?

「ぼくんちは柴(しば)犬!」
「うちはゴールデン・レトリーバーを飼ってるよ」
「エサ、いっぱい食べるでしょ?」
「洗面器いっぱいのエサを食べてるよ」(笑)

――じゃ、きょうはペットの犬について考えましょう。

黒板に、3種類の犬の写真を貼りました。

ダックスフンド

シー・ズー

ラブラドール・レトリーバー

——では、クイズです。

Q1. **日本のペット犬の登録1位はどの犬だろう？（JKCランキング・2005年）**
A　ダックスフンド
B　ラブラドール・レトリーバー
C　シー・ズー

「わたしはシー・ズーが好き！」
「目がまん丸でかわいいね」
「おとなりにダックスフンドがいるよ。足が短いよ」

黒板に貼った犬の写真を見ながら、わいわいにぎやかに話して、子どもたちが1位に選んだのはシー・ズーでした。

シー・ズーは1996年には登録数1位でした。2005年のJKC（社団法人ジャパン・ケネル・クラブ）の登録ランキングを見ると、以下の順になっていました。

1位	ダックスフンド	13万8163匹
2位	チワワ	8万6343匹
3位	プードル	5万7686匹

「シー・ズーは何位になったの？」と聞くので、

4位	ヨークシャー・テリア
5位	パピヨン
6位	シー・ズー

という順になったことを話しました。

——この結果から、どんなことがわかる？

「みんな小さい犬！」
「ほんとだ。ぜんぶが小型犬だ」
「日本人は、エサを食べる量の少ない犬を選んでるのかな」
「ペットフードを毎日あげるのも大変だしね」
「そうかなあ、家のなかで飼う人が多くなったからじゃない？」
「うちも、家のなかで飼ってるよ」
「わたしのとこも、外にでるのは散歩のときだけだわ」
「でも、いちばんの理由はかわいいからだと思うな」

アメリカのペット犬登録数ナンバーワンは？

つぎは、アメリカについて考えてもらいました。

Q2. アメリカのペット犬の登録1位は？（AKCランキング・2005年）
A　ダックスフンド
B　ラブラドール・レトリーバー
C　シー・ズー

「やっぱり、日本と同じダックスフンドかな」
「抱っこして甘えるシー・ズーかも」
「みっちゃんは、いつもシー・ズーね」(笑)
「アメリカって、家が大きくて広いでしょ。だから大きな犬を飼ってるんじゃない？」
「じゃ、ラブラドール・レトリーバー？」
「先生、ほんとにこのなかに1位があるの？」

――もちろんあるよ。

「わたしはシー・ズーにかける！」(笑)

「じゃあ、ぼくはラブラドール・レトリーバーにする」
「おれは日本と同じ、足が短くてかわいいダックスフンドにする」

子どもたちの意見は3つに分かれました。2005年のアメリカン・ケネル・クラブ(AKC)登録数ランキングでは、

1位	ラブラドール・レトリーバー
2位	ゴールデン・レトリーバー
3位	ヨークシャー・テリア
4位	ジャーマン・シェパード・ドッグ
5位	ビーグル
6位	ダックスフンド
7位	ボクサー

の順でした。3位までの犬の写真を黒板に貼りました。

ラブラドール・レトリーバー

ゴールデン・レトリーバー

ヨークシャー・テリア
写真＝佐藤弘康

Q3. ランキングからみえてくる、日本とアメリカの違いは？

「日本は小型犬が人気」
「アメリカは大きな犬の人気が高い」
「アメリカは家が広いから、大型犬を飼うのかもね」
「でも、アメリカは小型犬の人気もあるわ」
「日本はマンションなどで部屋のなかで飼う人が多いから、小型犬に人気があるのかな」

住宅事情の違いや、農耕文化と狩猟文化の違いからくる感性の違いもベースにはあるのかもしれませんが、ここでは子どもたちの意識が「犬」に向けられたので、このくらいにしました。

ペット犬登録数ナンバーワンの都道府県は？

Q4. 日本で犬の登録数がいちばん多い都道府県は？
A 北海道
B 東京都
C 秋田県

「人口がいちばん多いから、当然、東京都でしょう」
「おれ、秋田県だと思う。秋田犬って名前がつくくらいだから、多くの人が飼ってると思う」
「わたしは北海道だと思います。土地が広いから、犬も1匹だけじゃなく、何匹も飼っていると思うから」
「あっ、そうかも。おれも北海道にする」（笑）
ここでも意見は分かれました。

——2008年の県別犬登録数は、

1位	東京都	47万2283匹
2位	愛知県	46万6916匹
3位	神奈川県	44万2666匹

でした。

日本全国では680万4649匹が登録され、その約75%が予防接種を受けています。北海道は27万6368匹、秋田県は4万9697匹の登録数でした。

「先生、少ない県は？」

——少ない県は、島根県・4万577匹、福井県・3万4111匹、鳥取県・2万9140匹です。

「やっぱり、人口の多い東京都が1位だったね」
「秋田県がこんなに少ないなんて、泣けちゃうよ」(笑)
「わたしたちが住んでいる神奈川県も、犬を多く飼ってるね」
「人口の多い県が、犬も多く飼ってる」
「少ないのは、人口の少ない県だよね」

人気の名前ナンバーワンは?

——アメリカのオバマ大統領一家も、ホワイトハウスで生後6か月の犬を飼いはじめました。名前は2人の娘さんが相談して、「ボー」と名づけました。では、ここで問題。

Q5. 日本で犬につける名前で、いちばん多いのはなんだろう？
(2008年6～8月時点)
A モモ　B マロン　C ナナ

「わたしはマロンがいいな」
「モモもいい名だよ」
「ナナだって、はやったよね」
「先生、このなかに答えがあるの？」

——もちろんあるぞ。

「手をあげて決めようよ」
　挙手をしたら、マロンが1位になりました。

——正解は、1位がモモ。2位がマロン。3位がナナでした。

「モモが多かったの？」
「マロンは2位か」
「おしかったな」

2 — 捨てられた犬たちの運命

飼えなくなった犬たちは、どうなる?

子どもたちが犬の世界に浸ってきたので、主題に迫ることにしました。

Q6. **日本の人は、飼いはじめた犬は死ぬまで飼っている?**
A　もちろん、飼い主はみんな、最後まで面倒をみている
B　途中で捨ててしまう飼い主もいる

「犬を捨てる人なんていないよね」
「みんな、最後まで飼うと思うな」
「でも、飼えなくなったら保健所にお願いするって聞いたことあるよ」
「えっ、なにそれ?」
「保健所にひきとってもらうんだって」
「ひきとってくれるの?」
「うん、たぶん」
「その犬は、それからどうなるの?」
「ほかの人にもらわれるんじゃない?」
「となりの犬が死んだとき、葬儀社にお骨にしてもらったっていってたよ」
「最後まで、みんな飼うんじゃない?」

子どもたちはこんな話をしていたので、つぎの質問をしました。

Q7. **「捨て犬の日」ってあると思う?**
A　捨て犬を集める日が決まっている県がある
B　そんな日はない

「ぜったいないね」
「これはBだよ」
　と、みんながいうので、つぎの写真を見てもらいました。

「捨て犬収集車」がやってくる

茨城県内を巡回する「捨て犬収集車」（写真＝朝日新聞社）

　これは、『アエラ』2009年4月13日号の記事に載っていた写真で、「捨て犬収集車」が捨て犬を回収しにきている写真です。茨城県の場合、42か所の「捨て犬場」があり、捨て犬の多い地域では隔週、それ以外は月に1度の「捨て犬の日」が設けられています。

茨城県の犬の回収場所数と引き取り数

	〈定点回収場所数〉	〈引き取り数(匹)〉
2003年	111	5642
2004年	70	4371
2005年	63	3305
2006年	50	3064
2007年	42	2314

子どもたちは写真と表を見て、「捨て犬の日があったんだ」と絶句しています。みんな、悲しそうな目になってきました。

――茨城県動物指導センターでは、「引き取り数を一刻も早くゼロに近づけるために、引き取り場所をぎりぎりまで減らしていく」と話しています。

「ほんとだ。引き取り場所が減ってきてる」
「捨て犬の数も減ってきたね」
「ほんとに、捨て犬の日があったんだ」
「先生、ほかの県でも、捨て犬の日ってあるの？」

――宮城県では、2007年に70か所あった捨て犬回収場所を、2009年には9か所まで減らしています。

「わたしたちが住んでいる神奈川県にはないよね。聞いたことないもの」

――「捨て犬の日」はないけど、神奈川県でも、飼えなくなった動物の引き取りをやっています。2008年度には303匹の犬を引き取りました。そのほかに、迷い犬を収容していて、680匹の犬を収容しました。（横浜市、川崎市、相模原市、横須賀市は除いたデータ。地球生物会議発行「全国動物行政アンケート結果報告書」より）

「神奈川でも犬は捨てられていたんだ」
「なんだか悲しくなっちゃった」

新しい飼い主にもらわれる犬たち

「先生、この犬たちはどうなるの？」

——どうなると思う？

「犬を飼いたい人にもらわれていくといいな」

——この写真を見てごらん。何をしてると思う？

神奈川県にある動物保護施設での譲渡会のようす。じっさいに犬にふれて、相性を確かめることができる。

「みんな、犬を見てる」
「あっ、犬をもらいにきてるの？」

——そう。神奈川県にある動物保護施設では、毎月、犬の譲渡会をやっています。犬を飼いたい人にもらってもらう会をしているんだね。犬をもらいたい人は、講習会で勉強しないといけないそうです。

「どうして勉強するの？」

——なぜかな？

「犬の飼い方を教えてもらうんだ」
「犬のしつけ方も教えてくれるかな？」

——犬を最後まで飼うように、大事なことを教えてくれるそうですよ。

「何匹もらわれていったの？」

——この施設では、2008年度、譲渡会をふくめて全体で317匹がもらわれていきました。

「よかった」

——迷い犬は、飼い主のもとに336匹が帰っていきました。

「飼い主も探していたよね、きっと」
「よかったわ」

殺処分される犬たち

「でも、もらわれない犬や、飼い主が来ない犬はどうなったの？」

――どうなったと思う？

「県が最後まで飼ってくれたの？」
「そんなことしないと思うな」
「じゃあ、どうしたの？」
「きっと殺したのかも」
「えっ、いやだあ」
「先生、どうなったの？」

――この写真を見てください。何の機械だろう？

殺処分機に入れられた犬たち。上部のメーターが、
増えていく二酸化炭素の量を告げる。(写真＝朝日新聞社)

「機械のなかに犬がいる」

「ひょっとして、犬を殺す機械？」

「こわい！」

——これは殺処分機です。ある地方自治体の施設を取材した『アエラ』の記事には、こんなふうに書いてあります。

飼い主に捨てられた犬にはどんな運命が待っているのか。東日本のある自治体で、殺処分の様子を取材した。

午前9時30分、いつものように犬舎の壁が動き始め、この日は柴犬やビーグルなど9匹の犬が殺処分機に追い込まれた。

処分機の広さは約3立方メートル。うっすらと明かりがともっている。そのなかを、犬たちは所在なげにうろうろとし、何匹かは側面にある小窓から、外の様子をうかがう。

処分機の入り口が閉じられると、すぐに二酸化炭素の注入が始まる。犬たちはまずガタガタと震え、息づかいが荒くなる。処分機上部に取り付けられた二酸化炭素の濃度を示す数値が上がっていくと、苦しいのだろう、次第に頭が下がってくる。1分もすると、ほとんどの犬は立っていられなくなり、ゆっくりと折り重なるように倒れていく。

酸素を吸いたいのか、何匹かの犬が寝そべったまま大きく口を開く動作をする。助けを呼びたいのか、何とか顔を上げようとする犬もいた。そんな動きも注入開始から10分がたつころにはなくなった。犬たちは目を見開いたまま、絶命していた。

（「隔週木曜日は『捨て犬の日』」、『アエラ』2009年4月13日号〈朝日新聞社〉所収）

子どもたちは悲しそうに、静かに聞いていました。

「わあ残酷だ」

「アウシュビッツみたい」
「ひどいことするんだ」

――こうして、2008年度には、千葉県で、犬4289匹、猫7955匹が処分されました。茨城県では、犬5467匹、猫3561匹が処分され、神奈川県では、犬717匹、猫6045匹が処分されています。ちなみに、犬の処分数が全国でもっとも多いのは茨城県で、もっとも少ないのは富山県の174匹でした。
　全国では、8万4264匹もの犬が処分されています。（前出、地球生物会議の報告書より）

「たくさんの犬を殺してるんだ」
「お墓に埋めてあげるの？」

――犬の死体は焼却炉で焼却されます。残るのは白い灰だけ。この灰は肥料として近所の果樹農家にもらわれて、梨などの肥料にされるところもあるそうです。

「殺すだけじゃなく、肥料にまでするの？」
「かわいそう」
「人間て、残酷だなあ」
「最後まで飼わないからいけないんだ」
「どうして、犬を捨てるんだろう」

　子どもたちは考え込みました。

3—いのちと責任を考える

なぜ、犬を捨てるのか

Q8. **犬を捨てる理由って、なんだろう？**

「犬が病気になったとか」
「人をかむのかなあ」
「いうこと聞かないから困るのかな」
「かわいくなくなったとか」
「そんなことで捨てちゃうの？」
「捨てると殺されちゃうよ」

——さきほどの『アエラ』には、2007年5月に横浜市で調査した「犬を捨てる理由」が書いてあります。

- —仕事がなく収入もない——13歳・オスのプードル
- —老犬で尿を排出しっぱなしのため——12歳・オスのゴールデン・レトリーバー
- —前からいる犬との相性がとても悪く、無駄ぼえがあるため——6か月のジャック・ラッセル・テリア
- —家族を噛むのでどうしようもなくて——8年前に拾った雑種

——捨てる理由は、「犬の病気・けが・高齢」「犬の治療費がかかりすぎる」「犬が年をとったが介護ができない」「鳴き声がうるさい」「引っ越しするので」「飼い主が病気になったり、死亡したため」——。こんな理由が多いそうです。

「犬が年をとるのはあたりまえでしょ。そんなこと、飼うまえからわかるじゃん」
「犬はほえるのがあたりまえだよ」
「引っ越しだって、引っ越し先に連れていけばいいじゃん」
「病気になったって家族の一員でしょ。どうして最後まで面倒みないの？」
「自分勝手な人が多いと思う」
「いらなくなったらすぐ捨てるおもちゃみたい」
「ほんと。ゴミのように捨てるんだ」

――ペットショップでも、売れない犬を捨てる業者がいるそうです。

「ひどい」
「売れないから捨てるなんて、許せない」
「犬を飼う責任がないと思う」
「自分勝手で、ほんとに責任をもってない」
「自分が捨てられる犬だったらって、考えたことないんだね」

わたしたちにできること

Q9. この状況を、どうしたらいい？

「犬を飼ったら最後まで飼うって法律、つくるべきだと思う」
「犬を捨てたら罰せられるように」
「わたしは、捨てられた犬について学校で教えるべきだと思う」
「そう。みんなに知らせるべきだよ」
「みんな知らないもの」
「こういうことをみんなが知ったら、変わってくるかも」
「ぼくは、動物保護センターも引き取らないほうがいいと思う」
「飼い主に最後まで責任もたせるの」

——どこの県も、殺処分ゼロをめざして運動してるそうだよ。熊本県動物愛護センターでは、「家族の一員として飼った以上、死ぬまで責任を」と、引き取らないで説得しているそうです。飼い主が納得せず、1時間以上も押し問答になることもあるそうです。それでも飼育を放棄する人には、殺処分の麻酔注射に立ち会ってもらい、ぎりぎりまで、飼うようにお願いするそうです。

「センターもがんばってるね」
「麻酔注射なの？」

——苦痛をできるだけあたえないように、麻酔注射で処分ができるようになったそうで、1年間も機械を使っていないって。

「それでも殺してるんだね」
「説得してるのはいいと思う」
「殺す数は減ってるの？」

——熊本県では、2008年度に殺処分した犬は85匹で、10年前の10分の1になったって。いま、センターに60匹の犬と猫がいるけど、ぜんぶについて、もらってくれる人を探すそうです。

「ほんとにがんばってるんだ」
「飼い主がいちばん責任があるね」
「飼い主さん、最後まで責任もちましょう」
「ペットはゴミじゃありません」

そして、全員が声をそろえて、「責任もちましょう！」と叫びました。

［子どもたちの感想］

●—犬たちがこんなに殺されていたなんて知りませんでした。わたしだったら、かならず、捨てずに亡くなるまで責任をもって飼います。二酸化炭素で殺すなんてひどすぎると思いました。そのうえ、灰にして肥料にするなんて、犬の身になってみれば、ぜったいイヤです。

●—ぼくは、犬がこんなに簡単に殺されていたなんて思わなかった、捨てられた犬を拾ってあげたいと思った。ぼくはハスキーを飼っているけど、なんとなくレトリーバーを飼いたい。でも、やっぱり捨てたりしないで大事に育ててあげたい。

●—自分が好きで飼ったんだから、最後まで責任をもって飼ってあげないとかわいそうだと思います。わたしの家では犬と猫、両方とも飼っています。わたしは最後まで責任をもって飼おうと思います。家で飼っているのはぜんぶノラです。でも、死んでしまうまでかわいがってあげようと思いました。

●—犬や猫がとってもかわいそう。保健所にいる犬をぜんぶもらおうかと思った。家には犬がいます。死んだら、ちゃんとしたおそう式をやります。大きくなったらムツゴロウさんみたいになって、犬や動物をいっぱい飼います。

日本では、2008年度に約30万匹の犬と猫が殺処分されています。1日あたり822匹。殺処分設備のある熊本市動物愛護センターでは、殺処分ゼロを目指し、8年前から「安易に飼い主から動物を引き取らない」取り組みを進めています。それでも、2008年度に殺処分した犬は85匹。10年前の10分の1以下になったとはいえ、飼い主が「家族の一員として飼った以上、死ぬまで責任をもつ」という「責任」は果たされてはいません。

大量生産・大量廃棄という習慣は、現代人の感受性をくもらせたといえないでしょうか。ペットをとおして、「責任」というものを考えたいですね。

［参考文献］

「隔週木曜日は『捨て犬の日』」、『アエラ』2009年4月13日号（朝日新聞社）所収
佐野眞一『日本のゴミ』（講談社）
「『命の大切さを伝える』熊本市の取り組み」（神奈川新聞2009年6月28日号）
「捨てられるペットを救え」（朝日新聞2009年9月19日号）
各都道府県・動物保護センターのホームページ
厚生労働省ホームページ「健康：結核・感染症に関する情報」

この授業について

日本とアメリカでそれぞれ好まれる犬種から考えはじめ、やがて捨てられる犬の現状を見つめます。犬を捨てる人間の論理と、最終的に引き受け、処分しなくてはならない動物保護センターの悩みを見つめた授業です。

毎年、殺処分される約30万匹もの犬と猫。この国の大量廃棄はペットにまでおよんでいました。

人間の心はこんなにも非情だったのか、犬を飼う責任とは何か、そんなことを子どもたちと考えた授業です。

捨て犬ポストの存在。

犬を捨てる人の言いぶん。

動物保護センターの涙ぐましい努力。

日本の消しがたい現実がみえてきました。捨てるのも人間なら、救うのも人間です。現実を打破するためにも、一度は考えたいテーマです。

授業のためのワンポイント

●—動物センターのデータは公開されていますので、現状がわかります。地域の情報をもとに授業を構成すると、子どもたちの思いが深まるでしょう。

●—教室に犬がじっさいにすわっていると、子どもたちの感性は揺さぶられるでしょう。学校近くに住む子どもに、ペットの犬を連れてきてもらうのも奥の手です。

●—ドキュメンタリーのDVD『犬と猫と人間と』（監督＝飯田基晴、紀伊國屋書店）は、捨てられた犬と猫をめぐってのドラマが展開します。子どもたちと授業後に鑑賞

するのにもよいと思います。

また、『犬と猫と人間と』(飯田著・小社刊)の本も教材研究に最適です。

「マクドナルド」の授業
——巨大ファストフード・チェーンの光と陰

外食チェーン売上高1位を続けるマクドナルドにスポットをあて、この巨大企業が日本社会にあたえる光と陰について考える授業をしようと思いました。

今回は、高校生や大学生といっしょに授業をおこないました。かれらにとってマクドナルドは、客としてだけでなく、アルバイト先としても身近な存在です。徹底した安全管理、1円単位の安さを求めて世界各地から調達される材料、「12歳味覚論」をもとに計算された調理方法、「マクドナルド化」が進む日本社会など、さまざまなテーマを考えていきました。そのようすを報告します。

マクドナルドのさまざまなメニュー

1 — もうけの秘密に迫る

止まらない快進撃

マクドナルドのここ数年の店舗数と売上高は、つぎのとおりです。

年度	店舗数	売上高
2003	3773店	3867億円
2004	3774店	3959億円
2005	3802店	4118億円
2006	3828店	4415億円
2007	3746店	4941億円
2008	3754店	5183億円
2009	3715店	5319億円

売上高は増加しつづけています。

2005年度をみると、日本の外食チェーンでの店舗売上高は、1位が「日本マクドナルド」で4118億2300万円。2位の「すかいらーく」の2796億2800万円を大きくひき離しています。また、店舗数は3802店で、内訳は直営店2785店で2959億円の売り上げ、フランチャイズ店は1017店で1159億円の売り上げでした。

マクドナルドは2006年2月から40か月間連続で、売り上げが前年同月を上まわっており、さらに2009年12月期決算では、株式上場以来で過去最高を更新しました。

1971年に銀座に1号店が開店して以来、このように日本の社会にすっかり定着し、売り上げを増やしつづけているマクドナルドです。

では、ここから授業に入っていきましょう。

もうけの手法を考えよう

まず、4～5人のグループをつくりました。そして、1人ひとりにポストイットを渡し、「マクドナルドがもうける手法には、どんなことがあるか」、思いつくことを書いてもらいました。

1人に10枚のポストイットを渡しました。KJ法の要領です。各自、思いついたこと一つひとつをポストイットに記入していきます。

（*――KJ法とは、経験的現実から筋道だった情報を生産するための技術。小さなカードを使う。「KJ」は提唱者である川喜田二郎のイニシャル）

Aグループでは、つぎのような意見のポストイットが集まりました。

①―アルバイトを積極的に使い、人件費を削減
②―商品の1つひとつを安価にする
③―新製品の試供物を店内で配る
④―期間限定メニューをだす
⑤―割引クーポンを配る
⑥―マスコットキャラクターでイメージづくり
⑦―食材のコストを削減する
⑧―100円マックなどワンコインのメニュー
⑨―若者が多いところに店をつくる
⑩―店に清潔さがあるようにする
⑪―駅前周辺に立地をもとめる
⑫―つぎつぎに新商品を発表する
⑬―子ども向けにおもちゃのセットを用意する
⑭―立地条件を考える
⑮―携帯クーポンの利用
⑯―期間限定メニューを多くだす
⑰―安いメニューを多くだす

⑱—シーズンごとに新メニューや限定商品をだす
⑲—一部店舗で24時間営業
⑳—給料・人件費をおさえる
㉑—朝マック・夜マックなど、時間帯に制限のある販売システム
㉒—注文してから早くだす
㉓—メニューを豊富にする
㉔—食の安全性・信頼性を高める
㉕—スマイルの徹底
㉖—広告、CMを多く
㉗—ショッピングセンターのなかにも店をだす
㉘—味をおいしくする

すべてのポストイットがでそろいました。グループのなかでそれを読みあい、同じような内容のものを1つにまとめて小見出しをつけてもらいました。

Aグループは、つぎのようにまとまりました。

人件費

●—アルバイトを積極的に使い、人件費を削減——①
●—給料・人件費をおさえる——⑳

店舗

●—若者が多いところに店をつくる——⑨
●—駅前周辺に立地をもとめる——⑪
●—立地条件を考える——⑭
●—ショッピングセンターのなかにも店をだす——㉗

商品・メニュー

●—商品の1つひとつを安価にする——②
●—期間限定メニューをだす——④
●—100円マックなどワンコインのメニュー——⑧
●—つぎつぎに新商品を発表する——⑫

●—期間限定メニューを多くだす——⑯

●—安いメニューを多くだす——⑰

●—シーズンごとに新メニューや限定商品をだす——⑱

●—朝マック・夜マックなど、時間帯に制限のある販売システム——㉑

●—メニューを豊富にする——㉓

●—味をおいしくする——㉘

サービスの充実

●—新製品の試供物を店内で配る——③

●—割引クーポンを配る——⑤

●—子ども向けにおもちゃのセットを用意する——⑬

●—携帯クーポンの利用——⑮

●—一部店舗で24時間営業——⑲

●—注文してから早くだす——㉒

●—スマイルの徹底——㉕

安い原料

●—食材のコストを削減する——⑦

広告・宣伝

●—マスコットキャラクターでイメージづくり——⑥

●—広告、CMを多く——㉖

安全・清潔

●—店に清潔さがあるようにする——⑩

●—食の安全性・信頼性を高める——㉔

ほかのグループとも内容を見せあいました。どのグループも似かよった内容であることがわかりました。

マクドナルドの10の戦略

つぎに、マクドナルドが売り上げをあげるためにじっさいにとってきた戦略を、一つひとつみていきました。

●マクドナルドの戦略①——人件費をおさえる

まずはパートタイマーの数です。

Q1. マクドナルドの正社員は2008年6月現在、約5200人。では、パートタイマーで働いている人は何人いるでしょう？

A 約6万人

B 約10万人

C 約16万人

「Bの10万人ぐらいかな」
「いや、店員のほとんどがパートタイマーだから、16万人くらいだろう」
「日本に3000店あるとして、10人ずつパートタイマーがいると3万人。それだったら、Aの6万人かも」
「いや、24時間営業の店も多いから、パートの人数も多いよ」

——2000年には、正社員が5852人、パートタイマーが10万1747人働いていました。社員1人にパートタイマーが17人の割合でした。

2008年には、正社員数5244人で、パートタイマーは16万5148人になりました。社員1人あたりパートタイマー31人というのが現状です。

「へえ、そんなに多くいるんだ」
「社員の数が減ったのに、パートタイマーの人数は増えているね」
「やっぱり人件費を安くしてるんだ」
「わたし、住んでいた北海道のマックでバイトしたけど、時給670円だった」
「渋谷では時給1000円くらいだから、地方とは人件費にも差があるんだね」
「都会では1000円くらい出さないと、バイトがこないからかもね」

「でも、どこでも人件費を安くおさえているのがわかるね」
「正社員はたくさん給料もらっているだろうに……」

――パートを多用して人件費をおさえ、利益をあげるしくみが1つみえました。ほかに、人件費をおさえる手法はないだろうか?

「〈名ばかり店長〉が問題になったけど、マクドナルドもやっていたのでは?」
「いろんな会社で問題になったよね」
「店長を管理職にして、残業代をださないというやりかただね」
「きっとやってたな」

――2009年3月19日の新聞報道は、マクドナルドで働く1人の店長が訴えた裁判について伝えています。会社側は、その店長が管理監督者にはあたらない「名ばかり店長」だったことを認め、不払いの残業代など約1000万円を支払うことで和解が成立した、というものです。

「やっぱり、店長に残業手当もなく、長時間働かせていたんだ」
「これも、人件費を安くするしかけだね」
「悪いしくみを考えたよな」

――日本マクドナルドは、2008年8月から制度を変更、店長を管理監督者からはずし、残業代も支払うようになったそうです。しかし、これも利益をあげる1つの手法だったね。

Q2. ベテラン社員で給料が高くなった人への対応として、マクドナルドが考えた手法はなんだろう?

「途中でクビにするのかな?」

「それはすぐ社会問題になるよ」

——「社員フランチャイズ制度」をつくったのです。これは、独立を希望する社員からフランチャイジーを選び、社員ライセンスを与えて、フランチャイズ店のオーナーになるしくみです。その社員ライセンスを与える資格として、

①勤続10年以上で勤務成績が良好であること

②マクドナルド・ビジネスをよく理解し、心身ともに健康であること

③配偶者とともにみずから率先して店舗運営にあたり、専従で働けること

④自己資金として1000万円程度、金利のつかない資金が用意できること

などの条件があります。この制度を利用した社員は、年間40～50人ペースで、2000年末までに288人もいました。

「これも、給料が高くなるベテランを減らして、人件費をおさえるしくみだと思うな」
「フランチャイズ店が増えると、マクドナルドの傘下に入って、材料を注文するし、ずっとお金を払ってくれるものね」

——2000年末の段階で、478人の一般の人もフランチャイズ店を持っています。2005年の日本マクドナルドの店舗数は3802店(4118億円の売り上げ)で、内訳は、直営店2785店(2959億円の売り上げ)、フランチャイズ店1017店(1159億円の売り上げ)でした。フランチャイズ制度も利用されていますね。

——このほかに、人件費をおさえる手法はないかな？

「まだあるの？」

——みんながマクドナルドに行くとやることだよ。まず注文するよね。それから？

「あっ、わかった。客が自分で商品を運ぶんだ」

「片づけもするよ」
「そうか、マクドナルドは、お客さんを働かせて人件費をおさえているんだね」
「これだと、人件費がかなり浮くね」
「そうか、おれも働かされていたのか」(笑)

――お客に仕事をさせるシステムも、人件費をおさえる手法の1つですね。

●マクドナルドの戦略②――食材を安く仕入れる

Q3. **材料を安く仕入れる手法は?**

「きっと、本場のアメリカや安い中国あたりからの輸入ね」
「たくさんまとめて買って、安く輸入してるね」

――マクドナルドは、GPS(グローバル・パーチェシング・システム)、国際最適調達というグローバルな購買システムを使っています。これを利用して、世界中から安い材料を仕入れているのです。

「世界中から1円でも安く仕入れようとしているのね」
「どんな国から買ってきているの?」

――2000年の材料の購入先は、つぎのとおりでした。

牛肉――――――オーストラリア、ニュージーランド
ポテト―――――アメリカ
ピクルス――――アメリカ
ケチャップ―――原料はアメリカ
小麦――――――アメリカ、カナダ

レタス	日本、アメリカ
フィレオフィッシュ	ベーリング海
チーズ	原料はニュージーランド、オーストラリア、アメリカ
ポークパティ	アメリカ
チキンナゲット	中国、アメリカ
オニオン	アメリカ
キャベツ	日本
ごま	グァテマラ

――世界中から材料が集まってきていることがわかりますね。これは、いまも大きくは変わっていません。日本マクドナルドは、契約農場から安全な素材を調達していると発表しています。

「ほんとうに世界中から材料を集めている」
「遠くから運んでくるから、フード・マイレージがそうとう高くなるな」
「日本のCO_2の排出量が大きくなるわけだ」
「わたしたちは地球を汚し、安くて高カロリーのマックを利用しているのね」
「おれ、きのうも食べちゃった」(笑)

――マクドナルドは、さらに材料を安く仕入れるために、「1国買い」から「集団買い」に変えたそうです。台湾や香港など、ほかの国ぐにといっしょに注文して大量買いし、べつべつに配達させて、日本1国で買うよりも仕入れ値を下げる手法です。

ほかにも、為替差益でもうけたりしているそうです。1995年には、1ドル83円の円高のときに大量のドルを買い入れ、それを円安時に売りぬけて、200億円の差益をだしたそうです。なかなかやりますね。

「細かく考えて利益をだしていくんだ」

●マクドナルドの戦略③——魅力的なメニューを開発する

> Q4. お客を集めるには、メニューに魅力がなくてはなりません。どんなメニューで魅力をアピールしたのでしょうか？

「100円商品をアピールしているよ」
「朝マックも人気だね」
「期間限定メニューを上手に使っている」
「ハッピーセットで、子ども戦略を考えているよ」

——マクドナルドの沿革史から、最近の商品をピックアップして考えてみましょう。

2005年2月	朝食時間帯を強化。1800店以上で営業開始時間を6:30に設定
3月	「サラダマリネベーグル」がブレックファーストの定番メニューとして販売開始
2006年1月	「えびフィレオ」が定番メニューとして販売開始
4月	ドライブスルー店舗を中心に24時間営業を強化
5月	「サラダマック」が定番メニューとして販売開始
5月	午後2時以降限定の新メニュー「スナックタイム」がスタート
2007年1月	期間限定販売の「メガマック」が記録的ヒット
1月	ブレックファースト・メニューに「グリドル」が登場
4月	24時間営業の店舗が1000店を突破——ライフスタイルの多様化に対応
6月	メガブラザーズ第2弾「メガてりやき」を期間限定で発売
8月	首都圏を中心とする15箇所にMcCafeが同時オープン
10月	品質、サービス、新商品などを総合的に研究・検証可能な総合施設「スタジオM」を新設

11月	スナックタイプの新メニュー「マックラップ」が発売開始
12月	ハッピーセットの年間販売数が史上初1億個を突破
12月	メガシリーズ第3弾「メガたまご」「メガトマト」を期間限定で発売
2008年1月	100円マックに楽しいスナック「シャカシャカチキン」新登場
1月	朝の「マックラップ」がレギュラーメニューとして販売開始
2月	「至福のコーヒータイムを100円マックで」。「プレミアムローストコーヒー」を発売
4月	朝昼夜3メガキャンペーン。「メガマフィン」新登場。「メガマック」今後レギュラー化

——さあ、最初にみんなが考えたメニュー戦略と比べてください。

「〈期間限定メニューをだす〉戦略が予想どおりだね」
「〈100円マックなどワンコインのメニュー〉もあたっている」
「〈つぎつぎに新商品を発表する〉もそうだな」
「〈安いメニューを多くだす〉や〈メニューを豊富にする〉もビンゴだったね」
「〈朝マック・夜マックなど、時間帯に制限のある販売システム〉も想定したね」
「〈シーズンごとに新メニューや限定商品をだす〉のもあたっていたな」
「〈子ども向けにおもちゃのセットを用意する〉。ハッピーセットが1億個も売れているね」
「『スタジオM』を新設して、もっともっとメニューを研究する気だね」

——みんなの予想もかなりあたっていたね。マクドナルドは、かなりていねいに商品計画を考えていることがわかりますね。多様な商品と安い価格で、きょうもマクドナルドは繁盛しています。

●マクドナルドの戦略④——廃棄(ロス)を減らす

Q5. マクドナルドは、どうやってロスを減らしていったかな?

「つくりおきをやめたのかな?」
「つくりおきしたものを温めて、また使うことをやったのかな?」
「そんなことをしたら、すぐばれて、たいへんなことになっちゃうよ」

——この問題はみんなの予想に入ってなかったけど、それまでのマクドナルドでは「つくりおき」をしていて、約10分たって売れなかったら廃棄することにしていました。これだと10〜20個に1個は捨てることになります。全店では膨大な廃棄量になりました。

そこで、2004年12月に、オーダーメイド調理システム「メイド・フォー・ユー」をほぼ全店に投入しました。これは、注文を受けてから調理するシステムで、機械化して調理にかかる時間をいままでの5分の1に短縮したのです。パンを焼く時間は55秒から11秒になりました。

この結果、廃棄(ロス)は10分の1に減ったそうです。1店につき150万円の費用がかかったそうですが、このシステムでいままで以上の節約効果がでているそうです。

「昔、捨てるのをもらっている小学生を見たな」
「わたしも小学生のとき、もらって食べたことがあるよ」(笑)
「やっぱり、つくりおきしないように、きちんと対応したんだな」
「150万円かかっても、結局はもうかるように改革するなんて、やるな!」

●マクドナルドの戦略⑤——店舗を増やす

——つぎに、店舗のことを考えましょう。みんなが予想したのはつぎのものでした。

●—若者が多いところに店をつくる
●—駅前周辺に立地をもとめる
●—立地条件を考える
●—ショッピングセンターのなかにも店をだす

——マクドナルドは、マクドナルド地理情報システム(McGIS)を使って、全国を717商圏のブロックに分け、それをさらに細かく500m四方の地域に分割し、学校、児童数、駅、乗降客数、人の流れ、他社既存店などの情報を分析し、候補店舗の売り上げ・利益予測をだしながら、新店舗の開設場所を探索しています。出店調査部員30人のスタッフで5〜10の物件を検討し、1店をつくるそうです。

「きちんとリサーチするんだね」
「ヤマカンでやったりしないんだ」(笑)

——また、サテライト店をだして客の出入りをチェックし、「いける!」となったら本格的に店舗を増設する手法もとっています。この方法で、ジャスコなど大型ショップ内に43m^2の小さな店をだしたり、ビジネス街へも出店していきました。

「いまではふつうに、デパートやショッピングセンターにあるもの」
「サテライト店をだして確かめていたんだ」

——また、店舗建設には、モジュラー・ビルディング工法という工法をとっています。これは「ユニットハウス」の会社と共同開発したもので、工場であらかじめ内外装を仕上げておき、現場で組み立てる方法です。この結果、75日かかった建設日数を35日に短縮することができました。新しい工法で、安く短期間で出店することが可能になっています。

「どこのマクドナルドも似たようなつくりだものね」

「これだから、早く店を出せるんだね」
「もうけるために、1日でも早くつくるんだ」

●マクドナルドの戦略⑥——事務費を削減する

Q6. 事務費を減らすために、マクドナルドはなにをした？

「書類を減らしたのかな」
「報告書を簡単なものにして薄くしたとか……」
「ペーパーレス化をしたんじゃない？」

——正解！　日本マクドナルドは1995年3月、新宿住友ビルから新宿アイランドタワーというビルに本社を移転しました。そのときに850台のパソコンを導入して、ほぼ1人に1台配置し、ペーパーレス化を実現して3億円を削減しました。これも、もうけの確保のしかけの1つですね。

「やっぱり！」
「書類がなくても大丈夫なんだね」
「学校のテストもペーパーレス化するかな？」
「お金がないから、学校は無理だろうな」(笑)

●マクドナルドの戦略⑦——衛生管理を徹底的に

Q7. マクドナルドは、食中毒などをださないために、どんなことをしてる？

「手洗い励行！」
「消毒薬をたくさん使う」

「でも、それって恐くない？」
「安全っていわれても、ちょっとイヤかも」

――食品をあつかう業界では、食中毒などの事件はイメージダウンになり、命とりになります。パートタイマーの手洗いも、まず専用の洗剤でひじから下を30秒もみ洗い、つぎにブラシで手のしわや爪のあいだを20秒洗ったあと、ペーパータオルで拭き、最後にアルコール消毒するという、まるでお医者さんが手術するような洗い方がマニュアルで決まっています。

「パートタイマーも、手術なみに手を洗っているんだ」
「すごいな」
「わたしがバイトしたファストフード店は、ひじまでは洗わなかったよ」
「きびしくパートを指導してるんだね」

――マクドナルドはNASAが開発した衛生管理手法HACCP（ハセップ）を導入し、危害発生の恐れのあるポイントを重点管理し、コントロールしています。食肉加工・販売会社のスターゼンなど取引先にたいしても、HACCP管理された食材のみ、納入を許可しています。

「NASAが開発したシステムかあ」
「食中毒をださないように、そうとうがんばってるね」

●マクドナルドの戦略⑧――リピーターを増やす

Q8. マクドナルドはリピーターを増やすために、どんなことをやっているでしょう？

「ポイントカードかな」

「サービス券を渡すのかな」
「子どもにおもちゃがつくよね」

——一度きたお客さんが何度でもきてくれるようになると、売り上げが安定しますね。リピーターを増やすために考えだされたのが、「12歳味覚論」というものです。人間は、小さいときにつくられた味覚が一生を支配するのだそうです。子どもたちがマクドナルドの味を好きになると、大きくなってもきてくれるようになります。子どもたちもやがて大きくなって、自分の子どもや孫まで連れてきてくれることでしょう。

そのため、子どもの来客が増えるようにと、いろいろなサービスを考えだしています。お子様セットは「ハッピーセット」といい、ハンバーガー＋ポテト(S)＋ドリンク(S)などの組み合わせ＋おもちゃで400円程度です。朝はホットケーキ＋ハッシュポテト＋ドリンク(S)などの組み合わせ＋おもちゃとなります。おもちゃは、1か月ごとに新しくなります。

また、ドナルドクラブというものもつくりました。3〜12歳は会費無料で毎月プレゼントがあり、そのうえバースデー・プレゼントまでくれるのです。子どもたちが誕生日会をしているのを見かけたことがあるでしょう。「子どもが一生マクドナルドにつきあってくれる」。これを期待した戦略を着実に打っているのです。

「子どもに先行投資してるんだね」
「おもちゃで釣ってるのか」

——じっさい、マクドナルドが日本ではじめてオープンした1971年当時に通っていた若い客は、いまでは子どもや孫を連れて利用しているそうです。

「子どものころの味が一生を左右するのか。それでおふくろの味というのかな」
「私たち、“12歳の味覚”をうまく利用されていたのね」
「知らなかったあ」(笑)

●マクドナルドの戦略⑨——広告・宣伝

——これは、みんなが予想した「広告、CMを多く」ということで、日常のテレビや雑誌、新聞などでもおなじみですね。さわやかなイメージをつくり、食べたくなるコマーシャルがたくさん流れてきています。

●マクドナルドの戦略⑩——おいしさを追求する

Q9. ハンバーガーをおいしく感じてもらうために、どんなことをしてる？

「ちょうどいい温度でだすのかな」
「中身をほかの店と違えてるとか？」
「牛肉を多くするのかな」

——おいしさの追求はもちろん大切です。ハンバーガーを例にとると、マクドナルドは「15%の脂肪含有率のパティをつくるように」と、外注先の製造会社に要求しています。

パティをつくっているスターゼンでは、その要求に応えるため、赤身85%以上で脂肪含有率は15%以下のオーストラリア輸入牛肉と、赤身65%で脂肪含有率35%の世界マーケット調達牛肉、この2つの肉をブレンドして、要求どおりのパティをつくっているそうです。

「こだわってるね」
「どこのマックも同じ味だもの」
「おいしさのこだわりも、そうとうなものだね」

——このほか、「物流改革」「社員のやる気を高める手法」「社会貢献活動」「環境保護」などにも取り組んで、もうけを増やすのに間接的につながるように活動し

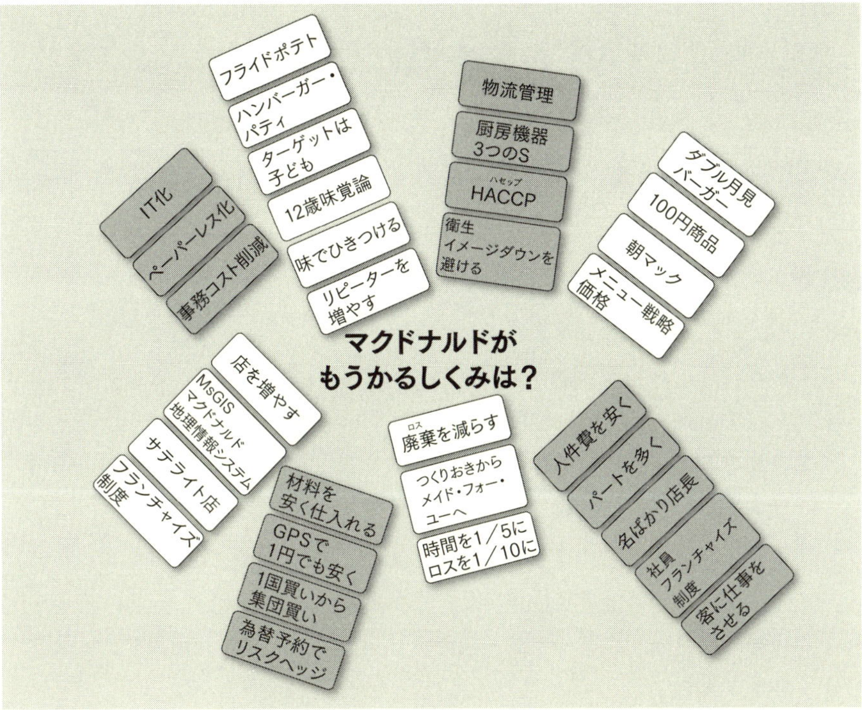

ています。

この「マクドナルドのもうけの戦略」一つひとつを考えるたびに、黒板にその内容を書いたカードを貼っていきました。上のようなものです。

2—マクドナルドの光と陰に迫る

いつでも、どこでも、同じサービス

まず、マクドナルドの成功の要因として、つぎのことが指摘されていることを説明しました。

①効率性……お客を空腹から満腹へといざなう最短･最良の方法を用意した。従業員も効率的に作業する
②計算可能性……商品の分量や代金、注文してから食べるまでの時間も計算できる。迅速さは質がよいという発想も内在させる
③予測可能性……いつでもどこでも、商品は同一の味･においであり、従業員も客もマニュアル化された行動をとる
④制御……行列すべきライン、限られたメニュー、座り心地の悪いイスで行動を制御する

「たしかに、イスは座り心地がよくないよね」
「食べて早くでていくように工夫していたんだね。知らなかったあ」(笑)
「空腹から満腹への最短の方法って、うなずけるなあ」
「香港のマックで食べたけど、たしかに日本と同じ味だった」
「だから予測可能なんだね」
「店員も、どこも同じような行動だしね」
「並ぶ列も制御されてるんだ」
「すべてマニュアル化されているんだね」

——マニュアルは、「大量のパートタイマーが早期に戦力になるための手法」で、2万5000ものマニュアルがあるそうですよ。

「すごいマニュアルの数だね」
「マニュアルって、どこでも幅をきかせているよね」
「マックの影響かな」(笑)

——マクドナルドがわたしたちにあたえてくれた利点としては、つぎのことがいえるでしょう。

①—多くの人が同じ商品やサービスを受けられる
②—均一性の高い商品が提供される
③—経済的に安価に食べられる
④—計画的に設計され、制御されたシステムのなかで、より安全にすごせる
⑤—人種・ジェンダーにも左右されない可能性が大きい
⑥—組織的・技術的革新の伝播(でんぱ)
⑦—ある文化の産物の、ほかの文化への伝播を容易にする

——どうですか、マクドナルドはすばらしい企業と思えるようになったでしょ。

「かなり社会に貢献しているね」

アメリカのマクドナルドにひそむ６つの問題

Q10. **マクドナルドの欠点は？**

「欠点なんかあるかなあ」
「安く、うまく、食べさせているよ」

そこで、アメリカのマクドナルドからみえてきた陰の部分の話をしました。

●マクドナルドの陰①——パートタイム労働

——「週20時間の境界」ということが、アメリカではいわれました。

パートタイマーの主力は高校生や大学生ですが、週20時間以内のパート労働だと、本人の将来によい経験となりうる。しかし、若者が目先の賃金にとらわれ、労働をそれ以上、長時間にしていくと、学校の欠席が増えるようになり、将来に悪影響をもたらすというものです。マックの先輩パートタイマーたちと夜遅くまでつきあうようになり、喫煙やマリファナを覚えたり、賭博などを知り、学校を中途でやめる例が多いというのです。

アメリカでは離職率も高く、3〜4か月で辞めていくことも多いのです。賃金の低さに原因があるといわれています。また、パートタイマーは、時給だけで手当やボーナスもなく、健康保険制度もありません。ほかの職につくための技術も身につかないということも深刻な問題となっています。

「たしかに、マックで働いても、単純なことしかさせてもらえないな」
「バイト時間が多くなると学校へ行きたくなくなるって、わかるなあ」
「週20時間の分かれ目かあ」
「いえてるかも」
「賃金の安さも問題だな」
「健康保険もないなんて、ケガや病気になったらこわいね」
「日本も同じ問題をかかえているね」

——少し陰の部分がみえてきたようです。

●マクドナルドの陰②——フランチャイズ制度

——つぎの問題が、フランチャイズ制度です。

20年で契約更新をする制度だそうですが、アメリカでは高い地代や、マクドナルド側からの一方的な契約打ち切りも多く、加盟店の半分がつぶれている状況との指摘があります。

「それじゃ生活が破綻しちゃう」
「一方的な契約打ち切りなんて、ひどいな」
「半分もつぶれるなんて、異常だよ」
「フランチャイズ制が破滅していくかも」

●マクドナルドの陰③――風味

――つぎは風味の問題です。

フライドポテトを揚げる油は、「大豆油7：牛脂3」の混合油。そうすることで、風味をだしていました。これが、おいしいフライドポテトの秘密でした。しかし、アメリカの消費者の肥満や成人病の増加で、コレステロール値の高さに非難が集中しました。そこで1990年、マクドナルドは揚げ油を純正植物油にかえました。しかし、あのおいしい風味がでなくなってしまったのです。

困ったマクドナルドは、最終的に香料に活路を見いだします。ある香料を加えると、以前の味が再現できたのです。いま、アメリカの食の業界では調香師がひっぱりだこになっているそうです。「香り」――これが人間の機能を揺さぶり、リピーターをつくるというので、いろんなところで「香り」の戦略が進行しているそうです。

「香りでごまかされているの？」
「ほんとは同じ味じゃないのね」
「肥満はイヤだけど、ごまかされるのもイヤだな」
「コレステロールでの肥満は大きな問題だよ」

●マクドナルドの陰④――肥満

――では、肥満の問題を考えましょう。

『スーパーサイズ・ミー』というドキュメント映画を見ましたか？　1人の若者がマクドナルドのスーパーサイズだけを1か月間食べつづけて、自分の体の変化のようすを撮りつづけた作品です。

　スーパーサイズを食べつづけると、彼の体はどんどん肥満していきました。血圧も上がり、血糖値も上がり、肝臓障害もあらわれ、ドクター・ストップがかかりました。カロリー過多で塩分も糖分も多いマクドナルドの食事は肥満を生みだしていると、この映画は警告しています。

　いっぽう、アメリカでは、学校給食に同じようなジャンクフードが入ってきました。値段が安いせいもあって、学校や貧民街で提供される食事にもジャンクフードが増加しているそうです。アメリカでは、貧富の格差が肥満を増産していると、批難の声があがっています。

「ぼくもあの映画見たよ。だからもうこわくなって、マクドナルドへは行ってないよ」
「貧しい人ほど肥満になってるの」
「社会問題だよね」
「アメリカって国は、すごい国だね」
「日本だって、アメリカを追いかけてるじゃない」
「やばいな」

●マクドナルドの陰⑤――ポテト農家への影響

――つぎはポテト農家だけど、マクドナルドの消費量が伸び、各国へポテトを輸出しているアメリカでは、ポテト農家はわが世の春を謳歌しているのでしょうか？

「こんなに食べているんだから、ウハウハなんじゃない？」

――じつは、ポテト農家には、つぎのような問題が起きているのです。

アメリカの冷凍ポテトの世界は、J.R.シンプロット社、ラム・ウェストン社、マッケイ社という巨大加工会社が権力をにぎっています。それらの加工会社は、ポテト農家に、マクドナルド用の同品種で均一な大きさのポテトの大量生産を要求しました。農家は、それをやらないと契約を打ち切られるので、大型機械を導入して規模を拡大し、努力しました。

しかし、ポテトの買い値を安くたたかれて、農家の借金は膨らむいっぽう、という状況になってきました。なかには、借金で自分の農地を加工会社に売り、その土地で加工会社の小作農として働く農家もでてきています。もうかるのは巨大加工会社だけだというのです。アメリカのポテト農家も泣いていました。

「ポテト農家も、いいことばっかりではないんだね」
「おかしいよ」
「日本の非正規労働者問題みたいだよ」
「加工会社だけ巨大な利益をあげるって、農民無視だよ」

●マクドナルドの陰⑥——食肉労働者の現実

——まだつぎがあるのです。牛を解体し、牛肉を生産する食肉業界でも、悲劇の報告があります。

アメリカの精肉工場では、労働組合がしっかり機能していました。しかし、従業員がストライキなどをすると、会社側は賃金の安い移民や不法移民を雇い、労働組合ぬきで操業するなどしました。そして、労働組合の強い精肉工場をつぶし、メキシコ、中米、東南アジアから流れ込んだ大勢の若い男女を、低賃金で雇うようになったのです。

この結果、ナイフを持つ危険な作業にも過重なノルマがかかり、就業中の事故やケガが多発し、病気になる労働者も多くでるようになったそうです。不法就労移民は健康保険もなく、悲惨な状況におかれる人も多いと報告されています。ここにも、安く肉を生産するための悲劇がありました。

「すごい世界があるなあ」
「組合つぶしまでやってるんだね」
「労働者は低賃金へ、低賃金へと流されているように感じるね」
「日本の派遣労働者や非正規社員と同じ問題だね」
「もうけるのは巨大企業だけなのか」

日本のマクドナルドの陰の部分は？

——では、日本のマクドナルドについて考えましょう。日本のマクドナルドにも陰の部分はあるかな？　あるなら、どんなことがあるか話しあってみてください。

グループで話しあってもらいました。こんな意見がでていました。

「世界中から安い食材を集めると、CO_2を大量に排出するね」
「フード・マイレージがものすごく高くなって、環境にあたえる負荷が大きいよね」
「環境問題に、日本のマクドナルドも陰ありだな」

「パートタイマーを大量に雇うというのは、労働者全体を低い賃金でおさえることにつながるのでは？」
「でも、学生なんか、バイトするのに働きやすいし、助かるよ」
「学生以外の大人のパートの人には、低賃金だよね」
「長い期間、働いてもボーナスもないし、時間給だけだものね」
「低賃金の労働問題も陰ありだね」

「わたしは健康問題が気になるのだけど」
「『スーパーサイズ・ミー』のDVDを見たけど、ショックだったな」
「ああいうものばかり食べているから、アメリカには肥満が多いんだね」
「日本でだって、食べつづけたら健康に悪いはずだよ」

「子どものころから一生にわたって来店させようとするのは、どうにもひっかかるなあ」
「医者不足や医療費増大が問題になっているけど、関連性がありそう」
「健康問題が陰ありだね」

「ファストフードって、なんか気になるのだけど」
「イタリアでは、スローフード運動をしてるよね」
「きっと、食文化の問題だよね」
「世界中が同じ味になりそうで、郷土料理も個性が消えそう」
「同じ味で安心感もあるけど、欠点もありか」

このような話が、各グループで出ていました。そこで、共通の意見として、つぎの5つを確認しました。

日本のマクドナルドの陰の部分は？

①—高いフード・マイレージ
②—低賃金労働
③—環境にたいするマイナス効果
④—医療費の増大
⑤—食の均一化

——もう、ほかにないかな？

「マニュアルの世界って、どうかなと思うのだけど」
「マニュアルに頼ってばかりいると、自分で考えなくなりそう」
「従順な奴隷みたい？」

「客が並ばせられ、注文した食品を運ばされ、片づけさせられるのも抵抗あるなあ」

「安く食べられるから、しかたないのかな」
「混んでるときなんか、並んで待たされるってイヤなもんだよ」
「いまでは、コーヒー飲むのもこのスタイルになったね」
「スタバもみんな、このスタイルだね」

「銀行だって、自分のお金をやりとりするのに、並んで、機械相手に仕事させられてるね」
「たぶん、効率っていうのが人間性を奪うのかな」
「人間性を失う」
「人間性の喪失か」

ということで、6つめの陰の部分として、「脱人間性」も入れました。

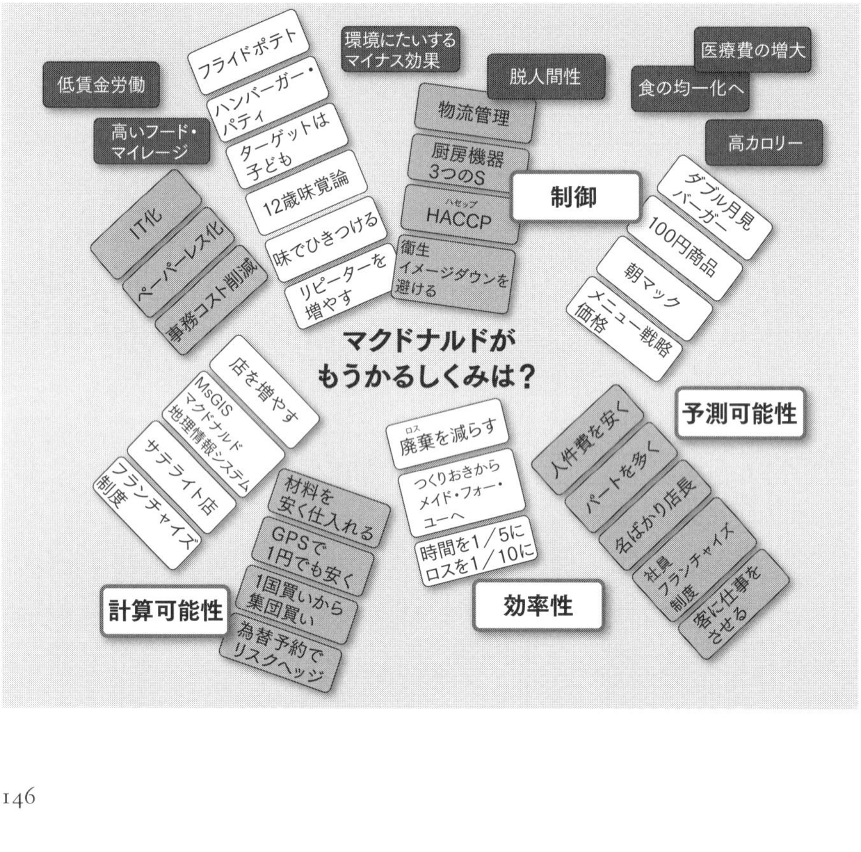

3―「マクドナルド化」する日本

「マクドナルド化」って、なに？

ここで、「マクドナルド化」について話しました。

――『マクドナルド化する社会』(早稲田大学出版部)という本をだしたジョージ・リッツァ氏は、つぎのような問題認識を提起しています。

「マクドナルドはアメリカで生まれ、アメリカで育ち、そしてアメリカ社会に大きな利便をもたらしたが、しかしその一方で、徹底的な合理化過程(人間的な技能を人間によらない技術体系に置き換えること)、例えば、熟練労働から“マック職種”を経て産業ロボットへの転換は、アメリカ社会にさまざまな形の非合理制(とくに労働や職業の非人格化と脱人間化)をもたらした」

「マクドナルド化」は「アメリカ化」とイコールといえるでしょう。

増殖するマクドナルド・システム

Q11．いままでみてきたマクドナルドと同じようなシステムをとっているところを、「マクドナルドのクローン」と呼ぼう。
日本にいま、どんなクローンがありますか？

「ロッテリアなど、ほかのハンバーガーショップは完全にクローンだね」

「ファストフードの店は、ほとんどクローンだと思うよ」

「ぼくは、世界中から安い食材を集めてきて提供するシステムの回転寿司店もクローンだと思うな」

「高いアワビも、べつの貝を使って安くしてるね」

「あれって、ひとつのごまかしだね」

「これもフライドポテト問題と似ているね」
「食べた皿を数えるのも、機械がするようになったね」
「チェーン店のところはみんな、クローンかも」
「100円ショップもそうかなあ」
「安いものを集めてきて、パートタイマーをたくさん使って、やっぱりクローンだよね」
「ラーメンのチェーン店なんかもクローンに近いかも」
「銀行だって、機械のまえに客を並ばせるよ」

「そうやって考えると、日本はクローンばっかりじゃん」
「そうか、こうやってマクドナルド化して、労働が変質してきたのか」
「日本の社会に多様性がなくなっているような気がしてきた」
「人間も非人間的になってきてるのかな」
「これからも考えないといけないな」

——「マクドナルド化する社会」はよい社会なのか、これからもみつめていこうね。

こうして授業を終えました。

〔参加者の感想〕

●—きょうの授業もとても興味深いものでした。わたしたちの知っているマックは、こんなにも深いものなんだなと思いました。安い、早い、うまいといったイメージのマックですが、ここまで世界的に有名になったのには、それなりの努力があるからなんだということを知り、いままでのマックにたいする見方が少し変わったように思います。

ですが、そういう「光」の部分があるぶん、裏の「陰」となるところもあるわけで、雇用の問題や食の安全、人間の健康にかんする問題など、近年話題になっている問題ととなりあわせといってもいいような状況に、また、驚きました。商売するには、どうしても「利益」がないとどうにもならないわけですが、そこだけに執着しすぎると、のちのち大変なことになってしまうのだなと感じました。「マクドナルド化」は、ほどほどがよいと思いました。

●—マクドナルドをわたしたちはつい利用している。安くて、早くて、おいしい、よいことばかりに感じるかもしれないけど、健康問題とか雇用問題とか、たくさん問題があることもみえてきた。『スーパーサイズ・ミー』のVTRでは10日食べつづけただけで健康が悪化していた。それなのに、このめまぐるしい現代社会、ゆっくり食事をとることのむずかしいわたしたちにとって、マックは利用しやすくつい頼ってしまう。

これがあたりまえで、何も疑問に思わないいまの社会だからこそ、見直さなければならない。このままマックの売り上げがどんどん伸びた社会はよい社会なのか、社会のニーズにあっていればそれでいいのか？　考えさせられた授業だった。「マクドナルド化が進行している日本」にも考えさせられた。

●—身近な企業を考えることは、知らない企業をやるより気づかされる部分が多くあると思う。企業にとってよいことと、わたしたちにとってよいこととはかならずしも一致しないと、あらためて感じました。

子どもは小さいときに食べたものを忘れず、大人になっても食べつづけるということに目をつけて、売り上げを伸ばすのはかまわないけど、それによって栄養面・成長面で悪影響をおよぼすのは複雑な気持ちだ。

●—よく食べにいくし、とても身近なマクドナルドが、こと細かに経営戦略を練っていることがわかり、経済を考えることはとても面白いなあと思いました。マクドナルドについて考えるだけで、あらゆる方向に話が広がってきて、この世界には本当にいろんな、わたしの知らないことがあるんだなあとあらためて思わされました。

マクドナルドは経済のしくみ、グローバリゼーションの明暗、低賃金労働などの現代社会の問題などをわかりやすく身近な問題として考えるよい教材だなと思いました。

［参考文献］

中山新一郎『マクドナルド　市場独占戦略』（ぱる出版）
エリック・シュローサー＝著、楡井浩一＝訳『ファストフードが世界を食いつくす』（草思社）
ジョージ・リッツァ＝著、正岡寛司＝監訳『マクドナルド化する社会』（早稲田大学出版部）
『ハンバーガーのひみつ』（学研まんがでよくわかるシリーズ1、学研）
マックス・ボアーズ、スティーブ・チェーン＝著、山田修＝訳『ビッグマック』（啓学出版）

この授業について

マクドナルドの利益をあげる戦略を考えながら、現代のトップ企業を見つめた授業です。

授業から、パート労働者雇用の非正規労働問題や、安い食材の大量輸入のフード・マイレージ問題など、たくさんの課題がみえてきました。

「12歳味覚論」の考えをもとに、子どもたちをターゲットにして永遠のリピーターをつくろうとする企業の姿。何も知らずに誕生日会を開く家族たち。わたしたちが生きている日本の現状がみえてきます。グローバル企業の共通点もみえてきます。

マクドナルド化が進む日本社会――その光と陰を考えることは、わたしたちがつぎにめざす社会のあり方を検討するのに必要な作業です。

現代を見すえる視点を基盤にし、これからの社会をともに考えていきたいと思います。

授業のためのワンポイント

●―子どもたちは、マックのハンバーガーが目の前に1個あるだけで、教材に近づきます。即、マクドナルドの店をイメージするでしょう。

●―ポストイットを使うKJ法は、ぜひおすすめです。話し合いが具体的で活発になります。

●―「利益をあげる戦略」のところでは、意見の予想できるものを事前に準備しておいて、それを黒板に貼っていくと効果的です。

〈オリジナルの授業をつくる手法・考〉

1—教材(題材)を見つける——アンテナを高く広く

「オリジナルの授業の題材は、どうやって見つけるの？」と、よく聞かれます。

わたしはいつも、「何か面白いこと(モノ)はないかな？」という目で世の中を見ている気がします。捜すためのアンテナを高く広く、立てめぐらしています。新聞、テレビ、ラジオ、本、雑誌、映画、ビデオ……、少しでも気になるものは切りぬいたり、録画したり、コピーにとって残しておきます。するといつのまにか、その細切れの情報どうしが結びついて、流れができてくることがあります。

「マクドナルド」の授業がそうです。

そのころ、熱帯雨林の減少が気になっていました。そこで、割り箸をつくるための森の減少について資料を集め、「割り箸の授業」をつくりました。

ところが、調べていくうちに、ハンバーガー用に多大な熱帯雨林が消えていくことがわかってきました。そこで、ハンバーガー1個が9m^{2}の熱帯雨林を消滅させているハンバーガー・コネクションの世界を、「ハンバーガーの授業」として発表しました。

そうするうち、ハンバーガー・ショップ第1位のマクドナルドの戦略手法が気になってきました。新聞に「マクドナルド史上最高の売り上げ」などの記事がでるたびに切りぬいておきました。テレビなどで関係する報道があると、記録していきました。

2—もっと知りたい——本質に迫る

あるていど情報が集まったところで、自分の問題意識を整理しました。

わたしの考えた問題点は、つぎのものです。

1—マクドナルドは、どんな手法で売り上げを伸ばしているのか？

2—健康にどんな影響があるのか？

3—マクドナルド的戦略は、社会にどのような影響をもたらしているのか？

4—アメリカにおけるマクドナルド戦略の現状は、どうなっているのか？

問題意識が明確になったところで、本質に迫る資料集めにかかりました。文献探しやフィールド・ワークです。

健康問題では、毎日ビック・マックを食べつづけた『スーパーサイズ・ミー』のDVDを見ながらメモをとりました。マクドナルドの戦略手法は、小学生向けの『ハンバーガーのひみつ』(学研)や『マクドナルド　市場独占戦略』(ぱる出版)などの本を読みました。

フィールド・ワークは、新宿にあるマクドナルド博物館を見学したり、マクドナルドの店でパートの動きや客の動きを観察したり、アルバイト経験のある人に尋ねたりしました。

また、アメリカの状況や社会への影響については、『ファストフードが世界を食いつくす』(草思社)や『マクドナルド化する社会』(早稲田大学出版部)が参考になりました。

3—驚きや感動から授業の主題へ

ここまでマクドナルドについて考えてきて、「マクドナルドの戦略は、はたして人を幸せにするのか？」ということが、もっとも気になる課題に思えてきました。

もちろん考えは、ひとそれぞれ違うでしょう。しかしこの問題を、いろんな点を見つめながら考えることが、現代を生きる「知」として大切なことだと思うようになったのです。このことを主題にした授業をつくることに決めました。

教師の「伝えたい」という思いが、オリジナルの授業の基盤になります。

4―授業を設計する

集めた資料や知識を羅列しただけでは、いきいきとしてドキドキ・ハラハラする授業にはなりません。いままでの資料や知識を捨て去る作業も肝心なのです。自分の知識をすべてはきだすのは下手な授業です。聞き手の耳の右から左に内容が通りすぎるだけで終わってしまいます。

ぜひ、自分でウェビングをつくり、本質からかけ離れてしまう資料・情報は涙をのんで捨ててください。（*――ウェビングとは、あるキーワードから、関連する事柄をウェブ〈クモの巣〉状につないで見取図をつくること。中心となるテーマからさまざまな学習課題を展開し、検討・整理するために有効な手法）

さらに、「子どもが参加する授業」をめざして、どこで、どんなかたちで子どもの活動をとり入れるかを考えるのも重要なポイントです。

わたしはここで、東アジア型教育と呼ばれる、伝えるだけの授業から脱皮しようと考えました。そのためにまず、KJ法を用いることにしました。一人ひとりがポストイットに、マクドナルドのもうけの手法を考えて書きます。そうすることで、全員が授業に入りこめます。

つぎにグループ内で、各自が考えたポストイットを並べ、同じ内容のもの、似ているもの、そうでないものに分けていきます。まとまったものに小見出しをつけて検討し、グループの意見をまとめていきました。そこでは対話が活発になり、実のある集団思考になりました。この作業を初めにもってくることで、活動的な学びになるだろうと考えたのです。

授業の構成を考えるときに必要なことは、資料の絞りこみとシミュレーションしながらの弾ませる演出です。この力を伸ばすためにも、さまざまな授業をたくさん観たり、実践記録を読んだりして、構成手法を考えていってください。

5―発問を考える――大発問と小発問

子どもたちに問いかけるものとして、質問と発問があります。

質問は幼児でも「これ、なあに？」と聞きます。質問をひとつだすと、多くの場合は答えもひとつです。授業でも質問だけでやると、一問一答式の平板な、広がりのない授業になります。

発問とは多様な答えが返ってくるもの、本質に迫れるものです。発問には大発問と小発問があると考えています。大発問が授業の核となります。この大発問を1～3問くらい用意しておくと、広がりのある授業になります。

マクドナルドの授業では、「マクドナルドは、どんな手法で売り上げを伸ばしているのか？」というのが大発問のひとつです。

「人件費をおさえる」「安い食材を使う」「客の回転を速くする」「店舗を増やす」などなど、多くの答えが返るでしょう。

また、その小発問として、「人件費をおさえるために何をしてる？」と聞きます。「パートを多く雇う」「客にも仕事をさせる」などなど、これまたいろんな意見がでるのです。

授業は大発問と小発問のかたまりで構成されている、といって過言ではありません。これをしっかり考えておくことが、授業を成功させる秘訣でしょう。

6―帰結点

授業には最後の収束が大切です。話し合いの最後の高まりです。

「マクドナルド化する社会をどう考えるか？」

これを帰結点にしました。この問いには即答はいりません。オープン・エンドで、各自がもち帰って考えつづけてほしいテーマとして設定しました。

もちろん、教師がまとめる帰結点もありますし、子どもたちの話で帰結点に達することもあります。いずれにしろ帰結点を考えておくと、授業は高まりと余韻をもって収束していくことでしょう。

7―わたしのモットー

作家の井上ひさしさんの書斎に、こんなスローガンが貼ってあったそうです。

むずかしいことを　やさしく
やさしいことを　ふかく
ふかいことを　ゆかいに

このことばに魅了されました。授業もこれだと思います。

授業のテーマの世界にゆっくりと浸らせ遊ばせておくと、子どもたちは、かなりむずかしいものでも追究していきます。

授業では、むずかしいことを、やさしくゆかいに追究していくことが大切なのだと肝に銘じています。

オリジナルの授業をめざしてください。楽しみにしています。

おわりに

きょうもテレビから、ペットボトル水やマクドナルドのCMが流れてきます。
テレビは受け身の人間を大量に育て、消費へと誘導していきます。
「デフレ脱却を」と、企業も政府も、財布のひもをゆるめてほしそうです。

大量生産・大量廃棄の時代を通りすぎた国。
いまがそのまっただ中にある国。
これからそこに向かう国。
どの国も、経済成長の目標を掲げています。

しかし「現代」という時代は、いやおうなく地球に住む人間、いや全生命を地球規模の混沌に巻きこんでいきます。
いま、地球は、気候変動、消えゆく熱帯雨林、行き場のない核のゴミ、投機にさらされる飼料や食糧、乱獲による海洋資源の減少……など、たくさんの問題を抱えこんでいます。

そして、子どもたちはまちがいなく、この問題を抱えた地球を引き継ぎます。

適切な情報を的確にさしだすことによって、子どもたちの問題把握は明確になり、「考える」「洞察する」「みずからの生活を問いなおす」という活動が動きだすことでしょう。

「現代」を授業する意味はここにあります。
授業で、子どもたちの未来を生きぬく「知」を育てていきたい。そんな思いで実践した授業です。

「知」の年輪が増えれば増えるほど、考える力や生きる力は大きくなります。混迷する現代をしなやかに変革していくことでしょう。地域の仲間や世界の人びとと豊かに共生する地球を築いていくでしょう。

そんな願いでここまできました。

これらの仕事ができたのは、「事実」のもつ面白さがあったからでした。

調べれば調べるほど意外な事実がみえてきて、熱中したというのが本音です。

ひとりでも多くの人が授業を考えるきっかけになってくれれば幸いです。

2011年2月

千葉 保

[著者紹介]

千葉 保(ちば・たもつ)

1945年、宮城県生まれ。神奈川県鎌倉市の小学校教員をへて、1998年より神奈川県三浦市の小学校校長をつとめる。現在、國學院大學講師。「使い捨てカメラ」「カード破産」「ハンバーガー・コネクション」の授業など、身近な題材を斬新な切り口で社会の問題へとつなぐ授業をつくりつづけてきた。主著に『授業　日本は、どこへ行く?』『はじまりをたどる「歴史」の授業』(授業実践)、『学校にさわやかな風が吹く』(校長としての学校づくり)、『コンビニ弁当16万キロの旅』(児童〜中学生向けイラストブック。監修)、『お金で泣かないための本』など(以上、すべて小社刊)。

「ひと」BOOKS

食からみえる「現代」の授業

2011年3月15日　初版印刷
2015年2月25日　第3刷発行

著者……………… 千葉 保
ブックデザイン……… 佐藤篤司
発行所…………… 株式会社太郎次郎社エディタス
東京都文京区本郷3-4-3-8F　〒113-0033
電話 03-3815-0605
FAX 03-3815-0698
http://www.tarojiro.co.jp/
電子メール tarojiro@tarojiro.co.jp
印刷・製本………… シナノ書籍印刷
定価……………… カバーに表示してあります

ISBN978-4-8118-0744-7　C0037